# 教育観を磨く

子どもが輝く学校をめぐる旅

北九州
子どもの村
小学校・中学校

伊那市立
伊那小学校

三河
サドベリースクール・
シードーム

横浜シュタイナー
学園

井藤元
苫野一徳
小木曽由佳
著

日本能率協会マネジメントセンター

# 旅立ちの前に

本書では、1980年生まれの同い年の教育学者、井藤元さんと苫野一徳さんが、国内の個性豊かな4つの小中学校を、対話の形式でご紹介していきます。

シュタイナー教育を専門とし、漫才やミュージカルなど、種々のパフォーマンス教育プログラムの開発に携わる井藤さんと、教育の原理的な意味を哲学的観点から問い、「公教育の構造転換」を提唱してきた苫野さん。

辿ってきた道は違えども、2人には、大学の教職課程の教員として教師を目指す大学生たちと関わる中で、じきに学校現場へと巣立とうとする彼らの教育観・子ども観を、**いかに刺激し、けしかけ、揺るがせ、広げ、深めるか**に奮闘してきたという共通点がありました。

志を同じくする仲間として、会うたび語り合ううちに、自然と本書の構想が生まれました。2人が今、とりわけ注目する次の4校を訪ね、いつものようにざっくばらんに問いをぶつけ合いながら、各学校で大切にされる価値をすくい取り、生きたまま読者の前に誘い出すことはできないものか、と。

✣ **北九州子どもの村小学校・中学校**（福岡県）
✣ **伊那市立伊那小学校**（長野県）
✣ **三河サドベリースクール・シードーム**（愛知県）
✣ **横浜シュタイナー学園**（神奈川県）

これらの学校は、いずれも子どもの個性を何より重んじ、独自の教育理念に基づきながら、特色ある教育実践を行っています。「自由」「対等」「対話」「待つ」「おのずから」などなど、共通するキーワードが散りばめられつつも、その日々の実践は、じつに多様です。

そうしたありようの深部に、どうしたらリアルに迫れるか。

試行錯誤の末、本書では、各学校からそれぞれ1名の先生（※子どもの村とサドベリースクールでは、「先生」ではなく、「大人」や「スタッフ」と呼ばれます）に**ナビゲーター**としてご登場いただくことにしました。一見《いちげん》の旅行客が容易には辿り着けないディープスポットまで導いてくれる、言わば「現地の案内人」です。賑やかな観光地だけでなく、秘密の路地裏や仄暗い街外れまで。地元を知り尽くした人だけが連れて行ってくれる場所にこそ、清濁入り混じるその土地の本当の魅力が感じ取れるに違いないからです。

できるだけ臨場感を損なわないように、ほぼ全編対話の形式をとりました。臨床心理学を専門とする小木曽が、各章冒頭にて、まずはナビゲーターその人に焦点を当て、教師を志すまでの来歴や、その教育実践に加わる経緯を伺います。それから、井藤さんと苫野さんが学校を取材して気づいたこと、疑問に思ったことを率直に投げかけ、ナビゲーターの先生が日々子どもたちに向き合う中で大切にしている点、実感している魅力や葛藤について、たっぷりと語っていただきました。

最終章では、旅を終えた井藤さんと苫野さんが、ゆっくり荷解きをしながら、掴み取ってきた数多くの価値あるアイデアについて語り合います。

各章の対話の司会進行や学校訪問記、本書全体の取りまとめ作業は小木曽が担当しました。差し当たりこの順に4校を並べましたが、お読みになる際には、興味のある教育から覗いてみられるもよし、最終章の総括に目を通してから各論に入っていただくもよし。お好みの方法で味わっていただけるように構成してあります。

どの章も、血の通った各人の視点を通すからこそ、ガイドブックでは知ることのできない個別・具体的な4つの教育の姿が、読者の皆様の目の前に、生き生きと描き出されていくはずです。

**そこであなたは、何を目の当たりにし、どう感じるか。**

それではさっそく本編をお楽しみください！

小木曽由佳

教育観を磨く　子どもが輝く学校をめぐる旅　もくじ



# 第1章

## 北九州子どもの村小学校・中学校
## 一人ひとりがみんなと自由に



### 北九州子どもの村に至るまで――022

# 第2章

## 伊那市立伊那小学校
### 子どもは自ら求め、自ら決め出し、自ら動き出す

## 伊那小学校の実践で感じること

## 第3章

# 三河サドベリースクール・シードーム
## 自分のことは自分で、みんなのことはみんなで

# 第4章

## 横浜シュタイナー学園
子どもは自分の課題をもって生まれてくる

# はじめに

先生のいない学校
テストや通知表のない学校
時間割のない学校
一日中、好きなことができる学校……

「そんな学校があったらいいのにな」と、誰でも子どもの頃に、一度は空想したことがあるかもしれません。

しかし、右に挙げた学校が、実は私たちのごく身近に存在しています。空想世界でも、どこか遠い国でもなく、この現代の日本に。

本書では、読者の皆さんとともに、これまでの常識を覆すような4つの学校をめぐる旅に出かけたいと思います。

そこはまるでパラレルワールド。それぞれの学校に一歩でも足を踏み入れれば、私たちが持ってきた教育に関する「あたりまえ」[1]（先入観や固定観念）は、ぐらぐらと揺さぶられることになります。

(1) 筆者が出会ったある生徒（サドベリースクールに通っている生徒）は、筆者が勤めている大学を訪れた際、「教室に黒板があることが珍しい」とつぶやいていた。彼女にとっては学校に黒板があること自体がかなり異様な風景だったようなのだ。多くの読者にとって馴染み深いであろう「教室に黒板のある光景」は少し見方を変えてみると、学校の一つのバリエーションにすぎないということがわかる。これは一例に過ぎないが、多様な学びの姿を知ることは、私たちが教育という営みそのものを問い直す契機を与えてくれるはずだ。

一般的な学校の姿に慣れ親しんでいる方は、この旅を通じて、信じられないようなものの見方・考え方に数多く遭遇することになるでしょう。ひょっとすると、単にびっくりするだけでなく、嫌悪感すら沸き起こってくるかもしれません。

しかし、その瞬間こそが何よりも大切です。「あたりまえ」が揺さぶられ、自分の立っていた場所が、否応なく地殻変動させられるその瞬間が。自分の知っていた世界がいかに狭く、ちっぽけであったかを突きつけられるその一撃が。

ここでひとつお願いがあります。本書を読み進めるにあたって、まずは皆さん自身の考え（「学校とは○○であるべき」「教師とは○○な存在だ」）をいったんカッコにいれて、まずはその現地の住人の生の言葉に耳を傾け、そこで一体何が大切にされているのかを、じっくり聞き取ってみていただきたいのです。

私たちにとって常識外れに思える事柄も、別の文化の住人からすれば常識にほかならず、「おかしいと思う方がおかしい」と感じられることでしょう（素手でカレーを食べるインドの人たちからすれば、スプーンでカレーをすくう旅行者の方が奇異に見えているはずです）。

はじめは何を語っているのかわからなかった現地の人の言葉が、ふと内側から感じられる時、旅行者の視点は180度転換します。この文化では事物をこう捉えていて、それは私たちの考え方や感じ方とはまるで違う。でもその見方からしたら、その振る舞いはなん

(2) 経験を積めば誰もが優れた教師になれるかと言えば、事はそれほど単純ではない。小中高時代を振り返ってほしい。何人かの先生の顔を思い浮かべた時、ベテランの方が若手教員よりも教えるのがうまく、生徒と関わるのが上手だと絶対に言い切れるだろうか。つまり、教員歴と教師としての力量は比例していただろうか。若くても生徒を惹きつける魅力ある授業を行い、子どもたちと信頼関係を築いていた先生もいたのではないだろうか。いくら経験を積んでいても、価値観そのものが子どもたちの実態やその時々の状況に合っていなければ、大きく道を踏み外す危険があるのだ。この点については168頁も参照のこと。

と理にかなっていて、すべてが説明し尽くされているのだろう。同じ景色がこんなにも違って浮かび上がってくるものなのか……。

あたりまえの世界が裏返るようなこの体験こそ、まさに本書の狙うところです。

各学校を旅する中で、価値観が何度も反転していく。これまで不可欠だと信じて疑わなかったものが最初から存在しない教室。考えてもみなかった仕方で子どもと過ごす一日。皆さんは様々な反転を、本書の中で体験することになるでしょう。

旅から戻り、元いた自分の場所に立った時、目の前の教育がこれまでと違って見えるとしたらしめたものです。ひとたび反転を体験すれば、知る前にはもう戻れないはず。川底の石が、他の石と繰り返しぶつかるうちに、角が取れて磨かれていくように、教育に対するあなたの価値観（＝教育観）は、以前よりもずっと鍛えられ、強く、しなやかに、磨き上げられていることでしょう。

本書ではいずれも独自の教育理念に基づき、特色ある教育実践を行っている4校を、順番にご紹介していきます。教師を目指している学生さんたちを主な対象として書かれていますが、教育のあり方を根っこから問い直す経験は、教師の卵[2]だけでなく、すでに教壇に立たれている方[3]、そして広く教育に関係する方にとって大きな意義のあることだと、筆者は考えています。

（3）教師自身が学び続けることの重要性は至るところで強調されているが、これを「最新の知見（情報）やスキルを貪欲に取り入れよう」という意味で受け取るべきではないと筆者は考えている。教師が学び続けるということは、教育に対する見方（ものの見方や価値観）を更新し続けるという意味で理解すべきではなかろうか。最近の例でいえば、コロナの影響で、授業におけるICT機器の活用やオンライン化が推進されている。Web会議システムや動画編集ソフトをいち早く使いこなす。新しいツールを積極的に試す勇気を持つことはもちろん重要であるが、その際に教育観を磨くことを疎かにしていると、新しく登場したツールに振り回されるだけの状態に陥ってしまう危険性がある。

一つの教育観を無批判に信奉し、無反省な態度でいたら、目の前の生きた子どもたちと関わる際に判断を誤る可能性だってある。知らず知らずに前提としている自分の眼差しそのものを、特徴あふれる実践に触れて改めて問い直し、深めていけるよう、さあ、出発しましょう。目も眩むような、まだ見ぬ教育の旅へ。

井藤 元

# 第 1 章

# 北九州
# 子どもの村小学校・中学校

## 一人ひとりがみんなと自由に

**所在地**　福岡県北九州市小倉南区平尾台 2-5-24

**設　立**　2006 年小学校開校、2011 年中学校開校

**児童生徒数**　111 人（2023 年 10 月現在）

**URL**　http://www.kinokuni.ac.jp/kitakyushu/

## 学校概要

きのくに子どもの村学園は、元大阪市立大教授の堀真一郎氏[1]が1992年に設立した私立学校である。A.S.ニイル（Neill, A.S. 1883-1973）創設のイギリスのサマーヒル・スクールの理念と実践に学んだ同校では、自己決定、個性化、体験学習の三つのキーワードが大切にされている。黙って、座って、先生の授業を聞き、その定着度をテストで測るといった学習が、今以上に一般的だった時代にあって、子どもたちが自分で考える喜びや、失敗を重ねながらも工夫する楽しさを味わいながら学ぶことができる学校を実現すべく創設された。「学習の質そのものの変革」が、きのくにの建学の精神の基本なのである。

本部のある和歌山県橋本市には「きのくに子どもの村小学校・中学校」および「きのくに国際高等専修学校」、その他、福井県勝山市に「かつやま子どもの村小学校・中学校」、山梨県南アルプス市に「南アルプス子どもの村小学校・中学校」、福岡県北九州市に「北九州子どもの村小学校・中学校」、長崎県東彼杵郡東彼杵町に「ながさき東そのぎ子どもの村小学校・中学校」がある。また、イギリス・スコットランドの「キルクハニティ子どもの村」は、子どもたちの短期留学先となっており、異文化教育の活動拠点となっている。

本書で取り上げる北九州子どもの村小学校・中学校は、2006年に開校。同年に閉校した北九州市立小学校の分校の施設を活用し、福岡県によって認可された学校法人九州自然学園が私立学校として設置したが、2009年にはきのくに子どもの村学園が経営を引き継いだ。2011年には中学校が開校。現在、約110名の児童・生徒が学んでいる。

(1) ほり・しんいちろう（1943-）。教育学者。学校法人きのくに子どもの村理事長。元・大阪市立大学教授。

校庭には高さ5メートルの立派なツリーデッキが設置されており、人目を引く。昼食時に使用されるウッドテラスなどもすべて子どもたちの手によって作られたものである。

時間割を見てみると、小学校では1コマ90分・週14コマのうち、半分が「プロジェクト」の時間となっている。これは、実際的な活動に子どもたちが挑戦し、そこから各種の知識や技術を習得されるように工夫された総合的な体験学習である。クラスは、このプロジェクトのテーマごとに編成され、様々な学年の児童・生徒が所属するので、必然的に1年生から6年生までの縦割り学級になる。1年間どのクラスで過ごすかは子ども自身が選択する。2022年度は、小学校・中学校でそれぞれ3つずつのプロジェクトが展開している。そのほかの時間は、プロジェクトの活動に関連づけて作成されたオリジナルのプリントを使って学習が進められている。宿題、テスト、通知表はない。

学校法人である同校では、独特なカリキュラムが採用されてはいるものの、学習指導要領に準拠した学びと認定されている点は注目に値する。プロジェクトの中で国語や算数、理科や社会、図工などの学びがカバーされており、「道徳」は制度上は全校ミーティングに読み替えられている。むしろ学校生活全体が道徳教育であるとも考えられる。

教員は子どもたちから「先生」ではなく「大人」と呼ばれており、子どもたちからニックネームや「さん」付けで呼びかけられる。毎週、すべての児童・生徒と大人が集まる全校ミーティングが開催されることも大きな特徴である。ミーティングでは、小学校低学年から中学生、さらには大人たちまでが、対等な立場で意見をぶつけ合う。話し合いの内容は多岐にわたり、校則や行事の内容についてもミーティングによって決められる。また、同学園には寮があり、平日は寮で過ごす子どもが半数近くを占めるのも特徴的であるといえる。

## 学校訪問記

ＪＲ小倉駅から40分ほど高速に乗り、その後、曲がりくねる蛇のような山間の県道を進む。そこここに岩が剥き出す不思議な光景の中に、「北九州子どもの村小学校・中学校」の看板があった。学校が位置する平尾台は、日本三大カルストの一つで、国の天然記念物にも指定されている景勝地である。看板に従って小道を少し行くと、右手に寮生活を送る児童・生徒のための建物、奥には畑やヤギが暮らす敷地が広がる。寮の向かいの校門を入ると、廃校になった分校を引き継いだ平屋の建物と、学園で建てた2階建ての校舎が校庭を取り囲む。校舎の1階には小学生のプロジェクト部屋が3部屋、2階には中学生用の部屋。その他、木工室やアトリエ、理科室、ホール、体育館などもある。

中学校長の高木秀実先生と、今回のナビゲーターである前田さんが筆者らを出迎えてくれた。校長室に向かう手前の職員室は、扉が完全に開かれたオープンな造りで、机の周りのあちこちに子どもたちが群がって、「大人」の首っ玉にかじりついていたりする。

しばらく高木先生のお話を伺ったのち、時間割を頼りに校内見学に出かけた。子どもたちは見学者慣れしている様子で、筆者らの存在を大きく気に留めることなく、折に触れて気さくに話しかけてきてくれた。

体育館では、小学校のクラスの一つ、「劇団ひらおだい」が、ハロウィンとクリスマスを題材にした自作劇の練習をしていた。この日はプロの舞台俳優がゲストの演出家として演劇指導に当たっているところだった。プロの視点から演出案が提案されるが、その都度、子どもたちの意思を尊重して脚本や演出が練られていた。「いきもの&クラフト」のクラスは、室内でめいめいの小物を製作しているグループと、校庭で建物を作っているグループとに分かれて活動していた。校庭では、以前自分たちで建てたツリーハウスのそばに、北九州子どもの村のグッズを売るための建物を造ろうと、子どもたちが取り組んでいる真っ最中だった。手作りのミニチュア模型を傍に、小さな子でも一生懸命ノコギリを使って木材を切っていた。この日は、柱が立ち、床板が貼られたところで作業終了。建築系担当の大人、「がくちゃん」によれば、作った建物を解体することを子どもの村では「ほどく」と表すが、製作物に思い入れのある子もいるので、作ってから最大9年は、ほどかずにおくことになっているとのことである。また、このクラスが世話をしているポニーの「さくらちゃん」や鶏は校舎の間の小屋にいて、教室間を移動する際に自然に目に入るので、別のクラスの子どもにとっても、動物は身近な存在であるようだった。「ひらおだいファーム」では、子どもたちが晴天の中、畑作業に勤しみ、午後は教室でPCを使った調べ物や話し合いをしていた。プロジェクトの時間の他に、大人が作成したプリントを通して学習する時間もあり、ここでも子どもたち同士の活発な教え合いが目を引いた。

中学校は、演劇を主軸とする「テアトル平尾台」、学校のある平尾台の歴史や文化について調べる「平尾台くらしの研究所」、世界情勢や環境問題について探究する「グローカルグループ」の3クラスに分かれ、学びに取り組んでいた。小学生たちが無邪気に和気藹々《わきあいあい》と身体いっぱいに活動していたのに比べ、中学生は「戦争」や「愛」といったより抽象的な概念に果敢に取り組んでおり、難しい議論にも物怖じせずに自分たちの意見を述べる様子が随所に見てとれた。

昼食時間になると、給食室のカウンターの前に子どもたちがずらりと列をなし、それぞれのトレイにカレーやおかず、デザートを好きなだけよそってもらって、ホールや外のデッキで賑やかに食事をとっていた。おかわりの列も絶えず、大きい子も小さい子も大人も「同じ釜の飯」を食べて心身の栄養にしているようだった。

休み時間に小学1年生の男の子が1人、体にそぐわない大きなトレーナーの袖で涙を拭って、しくしく泣きながら歩いていた。通りすがりの上級生に呼び止められても、仲間に入るでもなく、所在なさげにうろついている。最後は大人に声をかけられ、話を聞いてもらったようである。宿舎で暮らす子で、なんだか急に寂しくなってしまったのだそうだ。毎週末に自宅に帰るとはいえ、集団生活を始めたばかりの1年生にとっては、まだまだそんな心細い瞬間もあるのだろう。それでも、小学1年から中学3年まで、年齢も体格も幅のある子どもたちが、同じ校舎で兄弟姉妹のように声を掛け合いながら共に生活していることが、きっとそれぞれにとってとても心強く、成長の糧となっているのにちがいない。

放課後、晩秋の夕陽の傾く中を、校庭で時間も体力も気にせず全力でサッカーに興じる子どもたちの姿は、そのようなまたとない豊かな子ども時代と、それを皆で共有する安心感を思わせるものだった。

# ナビゲーター紹介

## 前田知洋（まえだ・ともひろ）

地元の公立中学校に通っていた時に、理不尽な校則や威圧的な教員、テストのための暗記中心の学びのあり方に疑問を抱く。それをきっかけに、高校は、学校法人きのくに子どもの村学園きのくに国際高等専修学校へ進学する。高校では、新たな学びに戸惑いながらも、しだいに仲間とのプロジェクト活動や探究型の学びに魅了される。卒業後、教育のあり方が人を幸福にも不幸にもすることに気づき、教職の道を志望する。２０１１年より現職。途中１年間の育児休業をはさみつつ、子どもたちが自由で幸せに生きていくために大人にできることは何なのか、日々模索している。

# 北九州子どもの村に至るまで

（聞き手：小木曽）

——まずは、前田さんご自身にスポットを当てて、「大人」[2]として学園の実践に参加されることを選ばれた過程や、日ごろの実践に対する思いをお聞かせいただければと思っております。前田さんが[3]この実践に参加されたのはいつ頃でしょうか。

**前田**　２０１１年からです。北九州は、最初は別の学校法人の学校でしたが、２０１１年にきのくに子どもの村学園が入って、それとほぼ同時期に私も参加することになりました。

——それまではどんなことをなさっていたのでしょうか。

**前田**　東京の私立大学の教育学部を卒業したのですが、卒業後は、そのまま東京の一般の企業で働いていました。大企業のＣＳＲ、社会貢献活動に携わる仕事で、子どもたち向けの教育イベントを代わりに企画・提案して運営するということをしていました。

——そうしたお仕事の中で、きのくに子どもの村の実践に出合われたのでしょうか？

**前田**　いや、そうではなくて。実は私、和歌山のきのくにの高等部[4]を卒業しているのです。だから、学園との出合いは、高校ということになります。

——卒業生でいらしたんですね！　高校からという方はなかなかおられないのではないですか。

**前田**　きのくには、中学校からは原則として入れません。高等部は、また別扱いで、高校

（2）　先述のように、子どもの村では、教職員のことを「大人」と称し、ニックネームや「〇〇さん」の名で呼ばれる。

（3）　子どもたちには、下の名前をもじって、「ともぴー」と呼ばれている。

（4）　正式名称は、きのくに国際高等専修学校。きのくに子どもの村学園の小学校・中学校と同じ理念のもと、国際的な視野を持ち、自分自身と私たちの社会について深く考えたい

からも一応入れます。私が入ったのは、ちょうど高校ができた時でした。

**――ご出身は？**

**前田**　きのくにがある和歌山です。

**――高校を選ばれたきっかけを伺ってもよろしいでしょうか。**

**前田**　中学時代は色々問題を抱えていたというか、友達と当時付き合っていた恋人を同時に失ったり、両親も離婚しそうだったり、急に人生最大のピンチがやってきた時期がありました。生きる意味も見出せないし、自由にも生きられない人生っていったい何なんだろうというようなことを悩み始めてしまったのです。

中学校は地元の田舎の公立学校で、理不尽な校則もテスト勉強も当たり前。そういうものに当然、生きる意味なんて見出せないわけです。学校の先生に、この学校のルールは何のためにあるのかと聞きに行ったりしていました。でもやはり先生方も答えられない。だから、ちゃんとした意味も答えられないのに押し付けてくる、なんて傲慢な人たちなんだろう、などと、学校に対して不信感を抱いていました。中学時代は、将来、学校の教師にだけは絶対にならないと思っていましたから、今の仕事に就いているのも不思議なものだなと思います。

そんな中学時代を過ごしていて、中3の夏休み、新聞に「来年度きのくに国際高等専修学校が開校する」という記事を見て、ここしかないと思いました。母は味方してくれましたが、父親は大反対でした。過去の実績もない上に、一般の学校と全然違うというところで、多分心配だったのだろうなと思います。ただ、その父親も、いつの頃からか、

子どもたちのために、1998年に開校。少人数で社会問題、国際問題、英語などを重点的に学習するとともに、陶芸や音楽、農業などのプロジェクトの時間も多くある。

学園に寄付してくれるほどきのくにのファンになってくれました。私や、後で入学した私の弟の成長ぶりを見て、きのくにの良さに気づいてくれたのかな、なんて思っています（笑）。

**——新設の第1期生というのは特別なところがありますよね。どのような入学審査を経て、何名でスタートを切ったのでしょうか。**

**前田**　確か5教科のペーパーテストがあって、それと面接と作文という形で。ただ、面接が長かったのを覚えています。30分ぐらいありましたね。それで8人が入学しました。

## きのくに高等部生徒としての経験

**——実際に入ってみて、どのような3年間を過ごされましたか。**

**前田**　結論から言うと、今の自分があるのもそこに入ったからだと思えるぐらい、私の人生の方向を決定したと言えます。ただ、自分が今まで受けてきた教育との違いという意味では、すごく苦労しました。考えて、文章を書く時間がとても多いし、個別学習の時間が週に6、7時間ぐらいある。これまで勉強を押し付けられてきたような環境にいた自分が、好きなことを勉強していいよと言われても、当時はなかなかできませんでした。自分の興味が何なのかもよくわからない。特に最初の1年間ぐらいは、何をしているんだろうという感じでした。手あたり次第、興味持ったものを調べてはみたものの、たいした成果もなく。

**——プロジェクトもあったのでしょうか。**

**前田**　今は、高等部でもプロジェクト[5]がありますが、私がいた3年間は、まだありませんでした。でも、それぞれの教科が、本当に考えさせる授業ばかりでした。特に印象に残っていることが二つあって、一つは3年生の時の修学旅行。予算とある程度の期間だけが決められていて、その条件にかなっていれば、どこに行ってもいいと。それで半年以上、みんなで相談して、韓国に行ったのです。向こうの高校生と交流したり、日本による朝鮮の植民地支配に関する資料館を訪ねたり、最初から最後まで本当に自分たちで企画しました。ある意味プロジェクトのようなもので、そうやって自分たちで企画していくことの面白さを知りました。

もう一つ大きかったのが、高校3年生の2、3学期の社会の授業です。選択授業で、現代社会を取ったのが私ともう一人だけでしたが、その時の大人が、自分の好きなことを調べようと言ってくれました。ちょうど当時、脳死や臓器移植がニュースになっていた時期で、日本でもドナー制度を普及させようとしていたところでした。ただ、そこには実は色々な問題があるのだという話をその大人から聞いて、私自身、ドナーカードを持っていたこともあって、2、3学期かけて調べたのです。自分の中では卒論だという位置付けでやっていたのですが、それがとても大変で……。毎日寝る時間を削って、調べて、書き上げて、結局80ページぐらいになりました。2回に分けて学校内で発表もさせてもらいました。

当時の自分にとって、これはとても大きな経験でした。そこで、じっくり考えることの面白さを知ったと言えると思います。中学時代にも色々考えはしていたものの、決し

(5) ジョン・デューイ(40頁注(13)参照)の「活動的な仕事」を具体化した体験学習。きのくに子どもの村学園の三つの基本原則である「自己決定」「個性化」「体験学習」のすべての要素が含まれる。プロジェクトのテーマは衣・食・住、演劇、地域社会の諸問題などから選ばれ、時間をかけて問題の解決に取り組む。クラスはこのプロジェクトを中心に編成される。

て楽しいわけではありませんでしたが、この自称卒論を書いたことがきっかけで、探究の面白さを知ることができました。この二つは、大きかったと思います。

**――一つ目の修学旅行の体験は、一人で考えるのではなくて、同じ学年のほかのメンバーと同じプロジェクトを遂行していくものですが、卒論の方は、自分一人の中に入って探究していく学びですよね。この二つにはまた別の魅力があったのでしょうか？**

**前田**　そうですね、全然違う大変さと面白さがあったと思います。修学旅行の方は、まず、行き先がなかなか決まらなくて、当時12人〜13人で沖縄か韓国かというようなことをいくら話し合っても結論が出ない。決まってからも、何をしようかとか、そんなところ行きたくない、したくないとか。でもやはり少しずつみんなの気持ちが不思議と一つになっていくのです。最後の方は本当に一つになって、みんなで本気になって取り組んでいった。ああいう面白さ、楽しさというのはありますよね。

それとは違って、一人で探究する方は、当然、孤独ですよね。脳死、臓器移植はありなのか、なしなのか。答えが出せるかわからない。いくら頑張っても自分には、自分の納得する答えが出ないかもしれない。そういう恐怖心と闘いながら、色々調べて、読んで。とても孤独でしたね。

**――皆、それぞれのテーマを追求して、卒業研究という形で発表するのですか。**

**前田**　そうしたい子だけで、全員が取り組んだわけではありません。もう一人、学校の近くの川のダム建設について調べて発表した子がいました。その子は小中高ときのくに通って、今は大学で研究者をしています。

――高校に内部進学する人は多かったのでしょうか。

**前田**　今は、当時と比べたら子どもの村も増えたので、ほとんど小中からの内部進学で、1学年の定員20人のうちほぼ15人くらいが内部から入っている状態です。ただ、私が1期生の時は、内部は2人ぐらいでした。

――内部進学の2人は、中学までで出会ってきた人たちと違う感じがありましたか。

**前田**　違いましたね、やはり。1期生は2人だけでしたが、2期生には5、6人ぐらい内部の子がいて、その子たちのエネルギーは、全然違うものでした。当然、僕ら外部から来た子は、まずミーティングに慣れていませんよね。そもそも意見を言うことが苦手だし、それに対して反論された時に、頑張って言ったのに否定されたように感じて、僕の場合は凹んだし、逆ギレする子もいた。自分の意見を何が何でも通そうとするような子もいましたが、内部から上がってきた子は、そんなことはありませんでした。意見を堂々と言うし、反論されても、その反論に対して説明する。私は、こう思うんだって。そういうところが全然違ったし、色々なイベントや行事を企画したりして、人生というか、学校生活を楽しむのがうまいなと思いました。

――前田さんの場合は高校3年間でしたが、そんな楽しみ方を体験できましたか。

**前田**　そうですね。先ほども言いましたが、考えることの面白さを知ったり、みんなでプロジェクトを企画して何かを成し遂げていくことの面白さを知ったり。大学の受験勉強をしても、脳死、臓器移植ありかなしかの答えを探ることに比べたら全然大変ではない。もう答えがあるから、簡単だなと思った記憶があります。

## 高等部卒業から子どもの村へ

**――高校を出て教育学部を選ばれる頃には、すでに教育に関心を持たれていたのでしょうか。**

**前田**　はい。高校を出てから、1年間イギリスに留学しました。考える面白さを知って、勉強をしたいという思いはありましたが、何を勉強したいかは気づけなかったところで、学校の大人に介護ボランティアでイギリスに留学する道を教えてもらいました。英語が苦手、人と会話するのが苦手な自分にちょうどよいと思って、行くことにしました。向こうで色々考える中で、教育が人を幸せにするんだな、と気づきました。人を幸せにできる仕事だとしたら、とても尊い。そこで自分も教育の道に進みたいと思うようになりました。その時点では、単純に子どもの村で働きたかった。

**――まず、子どもの村で働くために、教育について専門的に学びたいと。**

**前田**　そうですね。小原國芳(6)さんという、大正自由教育(7)の時代の方が創られたということもあって、玉川大学を選びました。大学時代は大学院を目指して勉強していましたが、さっきお話しした企業でアルバイトをするうちに、そのつながりでそのまま就職したという感じです。その後、4年くらい働く中で、うつ病になってしまい、2年間ほど実家の和歌山に戻って療養することになりました。それで、よく子どもの村に遊びに行っていたのです。子どもの村にはよく卒業生がぶらりと帰ってきます。病気になって、東京の仕事も辞めたという話もしていたら、ある日、学園長の堀真一郎から北九州で人が足りないんだけど、と電話が来ました。今日中に決めてくれ、と、そんな感じでした。

(6)
おばら・くによし（1887-1977）。1929年、「全人教育」の理念に基づいた玉川学園を創立。著書に『全人教育論』『教育の根本問題としての宗教』ほか、『小原國芳全集』（全48巻）などがある。

(7)
大正時代、欧米を中心に広がっていた児童中心主義の教育が日本でも広まり興隆した教育運動。代表的な学校に、奈良女子師範附属小学校、成城小学校、池袋児童の村小学校、和光学園、自由学園、玉川学園などがある。

——すごく急でしたね。その時は、二つ返事だったのですか？

**前田**　はい、ぜひやらせてもらいたいと答えました。ただ、実家で2年間休んでだいぶ良くなったので、また東京に引っ越した直後のことで、アパートの契約したところなのに、とは思いましたが、こんなチャンスはないと。

## 「大人」として見えたこと

——北九州という新天地で働き始めて、早10年余り。高校の生徒としていた時と、今、大人として関わるようになって、見え方に違いはありましたか。

**前田**　やはり本質は一緒だと思います。私自身が、きのくにの高校に入って、ずいぶん救われました。大人が温かくて、本当に自分を受け入れてくれて。それは変わらない大事なところですね。それから、子どもの時気づけなかったのは、大人はとても忙しいということ。そんなふうに見えませんでしたが、大人として入って初めてわかりました。

——子どもから見えないところで、どんなことで忙しくされているのでしょう。

**前田**　高校生の時は、自分たちが中心になって活動を進めていると思っていましたが、その背景で大人がすごく準備をしている。私は今、中学校の教員ですが、特に小学校の方は、活動の色々な準備や、環境設定のようなところが本当に忙しいなと思います。子どもとして在籍していた時はそこが見えていませんでした。

——子どもたちは、自分の力で決めていると思っているけれども、それをお膳立てするために、大人が後ろですごく準備している。

**前田**　そうですね。実は子どもたちが決める前に、大人もたくさん議論していたわけです。どんなふうに活動が進んでいくのがいいのか、子どもたちにとって何がいいのかなど、たくさん考えていたのだとわかりました。また、単純に物理的な準備での忙しさもあります。小学校の「ファーム」[8]というクラスで働いている時は、例えば子どもたちが、さつまいもの苗を植えた後に、それを放課後に植え直すような作業もあります。さつまいもの苗というのは植えるのが難しくて、細長い苗を斜めに差さないといけないのですが、小学生だとうまく差さっていない場合が多いのです。

他にも、子ども村では基本的に教科書を使わず、ことばやかずの基礎学習では、プロジェクトや子どもたちの興味に関連したオリジナルのプリント[9]を作って行います。そのプリント作りにはとても時間がかかるのです。そのわりに子どもたちはあっという間に解いていくので、「もっとゆっくりしていいんだよ」といつも言っていました(笑)。

**――成功している感じや肯定感を子どもが持つためにも、大人が実は後ろでセーフティネットを張り巡らせている、大人同士で深く考えていること自体が支えになっている、ということでしょうか。**

**前田**　そうですね、確かに。そんなふうに考えたことはありませんでしたが、活動が成功するようにとか、学びが深まるように、広がるようにというのは、よく考えています。

**――なるべく失敗しないようにしてあげる感じもあるのでしょうか。**

**前田**　いや、それは違います。失敗はあった方がいいと思います。うまくいかないと、子どもたちは考えますから。ただ、野菜作りに関して言うと、例えば種をまく時期を逃し

(8) 野菜や穀物の栽培と調理などを活動の中心とするクラス。

(9) 小学校では国語や算数の内容を「ことば」と「かず」と呼ばれる授業で学ぶ。その内容はおもにプロジェクトや日常生活に関連する題材から選ばれるため、プリントはすべて教師の手作りとなる。

たらもう駄目ですよね。だからそういう辺りでは、少し大人が先回りで伝えることもあります。今年は中学校でも野菜作りをしたのですが、夏野菜がほぼ全滅でした。でも、それはいい機会ですね。ここから子どもたちは、何で失敗したのかを考え始めました。害虫対策がちゃんとできていなかったとか、そもそも土が良くなかったとか、いくつか理由が出てきました。じゃあ、野菜にとって良い土って何だろう。土の化学性とか物理性とか、そういうこともちゃんと勉強したり、専門の人に話を聞いたりしているので、そういう失敗は学びが深まり広がるチャンスですね。

**――今の野菜の例のように、大人の方が知識を持っていて、子どもは、それよりも知識が少ないというように、関係が非対称な時がある一方で、子どもが自発的にプロジェクトをやっていることで、大人の方が自分も知らなかったようなところに連れていってもらうようなこともあるのでしょうか。**

**前田**　それはもう、たくさんあります。今回の土作りでも知らなかったことはたくさんありました。農業の専門家の方に話を聞きに行って、私も全く知らなかった知識を得ることもありますし、それが子どもたちの中から出てくることもあります。今年は、窒素を空気中から固定する方法があると調べてきた子がいました。ハーバー・ボッシュ法という、第一次世界大戦前に開発された、空気中から窒素を固定する方法です。日本では昔から雷が多い年は、稲がよく育つと言われていたらしいのですが、それは雷の電気で空気中の窒素が固定されて、栄養素が増えるからだと。それをしたいと言ってきたのです。放電を起こして、空気中の窒素を固定する。彼は色々知識があるので、自分でいらない電子レンジを解体して、そこから必要な部品を取り出したりもしていたので、仕組みを教えてもらったり、窒素の変化も化学式で説明してもらうのですが、とても難しい。でもやりたいと言うから、ぜひやらせてあげたいと思って、わからなくなったら専門家を探して、話を聞きに行こうよという話をしています。それは現在進行中なので、まだ成果は出ていません。どうなるかはわかりませんが、そうやって子どもたちから教わることはたくさんあります。

**――普通の学校の光景と大きく違いますよね。大人の方がわからないことを、子どもが教えてくれるということも起きてくる。その逆転があるのがすごいところですね。**

**前田**　そうですね。だから先生という意識もないのです。プロジェクトを進めていく中での、同じ仲間だという意識で活動しています。

**――大人として子どもたちと関わるようになって、ご自身の人生で何か変わったところがあるように感じますか。**

**前田**　とてもあると思います。先ほどもお話しした通り、中学時代に人生に絶望したり、20代後半でうつ病になったり、わりと鬱屈とした時間が長かったのですが、子どもたちと一緒にプロジェクト、何かを作っていくという過程が、自分を幸せにしてくれました。生きる意味って何なんだろうということを昔はよく考えていましたが、だんだんどうでも良くなっていきました。生きるって楽しいやん、と。生きる意味について考えている時って、自分のことを考えているのですよね。

でも、この学校で働きだして、子どもたちと一緒にプロジェクトをして、色々なものを作っていく中で、外の世界にどんどん興味が広がっていく。自分の内面の問題なんてどうでもいいという感じになってきた気がします。それはやはり、この学校で働いていたからこそだと思います。

**――「子ども」「大人」両方の立場を経験している前田さんならではの貴重なお話をいただいたと思います。ありがとうございます。ではここからは井藤さん、苫野さんから、いかがでしょうか。**

**苫野** ぜひ深掘りしたいなと思ったのは、先ほどおっしゃった環境設定についてのお話です。何か特定の方向に導くのでもなく、前もって失敗しないようにしているわけでもない。環境設定で意識していること、大事にされていることはありますか。

## プロジェクト伴走の勘所

**前田** プロジェクトはクラスで一つのテーマを持って始まります(10)。学園長の堀が言うのは、「プロジェクトのスタートは、できるだけ小さく。そこから活動を始めていって、どんどん広げていく方がいい」と。私たちも、それはとても意識しています。例えば、今年は、学校のある地域の戦後開拓期の暮らしを再現しようというのがテーマで、集まった子どもたちと話し合って、茅葺き小屋を作るのと、当時の農業、野菜作りや料理をするというところから始まりました。しかし、これだけで終わらないようにすることはとても意識しています。その具体的な活動から、子どもたちの興味、関心がどんどん広がるように、ということです。

(10) プロジェクトの大まかなテーマは大人が考え、子どもたちはその中から次年度の活動を選ぶ。最終的には、新年度に集まった子どもたちと一緒にクラスのテーマや活動内容について改めて話し合い、決定する。

例えば、実際の活動の中で、色々な人に話を聞きに行く。それに対する答えから、話題が広がっていきます。学校のある平尾台では、トマトがとてもよく売れた、なぜかと言うと、北九州市には、戦後、米軍が駐屯していて、その米軍にトマトがよく売れた、なぜ米軍がいたかと言えば、敗戦とＧＨＱによる占領、朝鮮戦争があったから、云々。話を聞いているだけで、そんなふうに広がっていくこともあるし、こちらがこんなふうに広がっていくといいなと想定して、ポンッと情報を伝えることもあります。もちろん、食い付いてこなければ、そちらの方面で広げようとはしない。**子どもたち一人ひとりが、自分の興味を見つけられるようにする**ということは、とても大事にしています。

**苫野**　プロジェクトにどう伴走したらいいか、難しく感じる先生は全国にたくさんいらっしゃると思いますが、大人の方たちは、経験を積まれる中で、どんなふうに勘所のようなものをつかんでいくのでしょうか。

**前田**　そうですね。働きだして、最初の何年間はだいぶしんどかったように思います。唯一の正解はないというのはわかっていましたが、プロジェクトをどう進めたらいいんだろう、子どもたちにどう声をかけたらいいんだろうというところは、なかなか難しくて。だから、教師って職人みたいだなと思っていました。

でも、やはり経験を積む中で段々とわかってきたこともあります。例えば、先ほどの話で言えば、働き始めた頃は、「プロジェクトのスタートはできるだけ一つのテーマの方がいい」という堀の意図がよくわかりませんでした。一人ひとり興味関心が異なるのだから、それぞれの子に応じて複数のテーマがあってもいいのではないかと思ったのです。でも次第に、**クラスのみんなで一つのテーマに挑戦した方が、活動と学びが深まっていく**ことがわかってきました。それは子どもたちが経験からよりよく学んでいくということであり、活動がより本物になっていくと言ってもいいと思います。そして一つの活動が深まると、子どもたちの興味関心が広がり、結果的に活動も学びの幅も広がっていく。そうした知的な面での成長だけでなく、人間関係の面でも感情面でも子どもたちの成長は大きいと思います。みんなで一つのテーマに取り組むと、協力や分担、時には人間関係の問題を話し合って解決する必要性が生まれます。また、みんなで目標を共有して達成した時には、みんなでその喜びを分かち合ったり、お互いを認め合ったりできます。

田植えの思い出

もちろん、そのように活動が深まり、広がり、子どもたちがよりよく成長していくためには、テーマ選びも大切です。**活動自体に子どもたちを惹きつける魅力があり、その目標に社会的な価値があること**。そしてその活動に、どんな価値のある課題が、どれだけ含まれているのか、どれだけ活動と学びが広がっていきうるのか。そんなことを考えながら活動テーマを考えています。そんなふうに、子どもたちがよりよく成長できるような環境を整えること、毎日の実践の中でもそのことを忘れずに子どもたちと活動を進めることを私は大切にしています。これも経験を積んでいく中でだんだんとわかってきました。

**苫野**　クラスで一つのテーマに取り組むことの意義は、私自身、子どもの村や伊那小に通う中で実感させていただいたことでした。特に小中学校はそうですね。もちろん、個人プロジェクトもあっていいし、それはそれでとても重要だし、子どもによってはそちらに集中したい子もいると思います。でも、子ども時代の協同のプロジェクトの経験は、その後のより実りある個人のプロジェクトの土台を築いてもくれますね。どんな個人プロジェクトも、結局のところ、誰かの力を必要とするものですから。

プロジェクトへの伴走のあり方について、大人同士が知見を交換したり、対話をしたりすることは多いのでしょうか。

**前田**　それはよくします。特に入ってきたばかりの頃はわからないことだらけなので、いっぱい質問して、答えてもらうということもありますが、他方で、そうやって教わった知識と、実際自分がやって得た知識は全然違うということも感じます。やはり聞いただけでは使えない。

**苫野**　なるほど。職人技みたいに、何かしら勘所はあるのでしょうが、大人自身も、色々な経験を通して、自分でつかみ取っていかないといけない。だから、ちょっと介入し過ぎてしまったかなとか、関わり方がうまくいかなかったなとか、そういうことを日々振り返りながら実践しているという感じなのでしょうね。

**前田**　そうですね。少し言いすぎたなと反省することもあります。その状況によっても、その子によっても違いますが、ここで介入した方が子どもたちの学びが深まり広がるだろうと思われる時には遠慮せずに介入するようにしています。

## いきなり「大人」になれる？

**井藤**　前田さんが新任の教員として子どもの村で着任してから、どういう修行プロセスをたどって今に至ったのでしょうか。新任教員のための研修のようなものはあるのでしょうか。

**前田**　働きだして最初に必ず受ける講習というものは、特にありません。もちろん、学園長の堀の本[11]を読むというのはありますし、校内研修でニイルの本[12]を読むとか、実践の中での疑問をそれぞれ出し合って、みんなで検討してみようという時間はありますが、新人用の特別な設定というわけではないのです。ただ、基本的には担任が2人体制なので、新人が一人でいきなりクラスを持つということはありません。

**井藤**　そういう意味では、先輩と組むことになるので、ある種のメンターというような形で、その都度、もっとこういう声掛けの方がいいのではないかというようなアドバイスやコメントをもらうことになるのでしょうね。

**前田**　そうですね、そういうことはあります。

**井藤**　あとは、本当に日々の現実的な子どもたちとの関わりの中で、技を磨いていくしか

(11) 『体験学習で学校を変える——きのくに子どもの村の学校づくりの歩み』（黎明書房、2021年）、『増補・自由学校の設計——きのくに子どもの村の生活と学習』（黎明書房、2018年）、『新装版・きのくに子どもの村の教育——体験学習中心の自由学校の20年』（黎明書房、2022年）、ジュリエット・アルヴァン著、山松質文・堀真一郎訳『自閉症児のための音楽療法』（音楽之友社、1982年）など。

(12) 『新版ニイル選集①問題の子ども』（黎明書房、2009年）、『新版ニイル選集②問題の親』（黎明書房、2009年）、『新版ニイル選集③恐るべき学校』（黎明書房、2009年）、『新版ニイル選集④問題の教師』（黎明書房、2009年）、『新版ニイル選集⑤自由な子ども』（黎明書房、

ない。それは、すごく難しいですよね。合う人と合わない人、教員養成としてシステム化されていないゆえに、掴めず去ってしまうような人もいるのでしょうか。

**前田**　子どもの村では、子どもたちを受け入れることとか、信頼して任せるということが、とても大事です。プロジェクトにしろ、ミーティングにしろ、学校生活でのあらゆる場面で、その姿勢が必要だと思います。これが欠けていて、すぐに批判してしまうような人だと、やはり難しいと思います。子どもたちも、子どもの村の大人は受け止めてくれる存在だと思っているので、時々そういう大人がいると、子どもたちもすごく不信感を持つ。お互いにしんどくなるので、結局辞めていかれる方も中にはいます。

**井藤**　すると、子どもたちのことを受け入れていく姿勢を持ち続けるというのが、子どもの村の大人になるための前提条件、必須の要素になるでしょうか。

**前田**　私はそう思います。やはりそれがないとできない。そうでないと子どもの村ではないという気がします。

## 失敗から学ぶ

**井藤**　なるほど、ありがとうございます。それからもう一つ伺いたいことがあります。先ほど、失敗することは、子どもたちにとっては、必ずしも避けるべきことではないというお話がありました。ここで、あっていい失敗というのは、どのように見抜くのでしょうか。この失敗は学びにつながりそうだな、これは子どもたちが通る必要のない失敗だな、というあたりを見極めて、最低限、崖からは落ちないようにするという工夫をされ

2009年)、『新訳 ニイルのおバカさん――A.S.ニイル自伝』(黎明書房、2020年)など。

ているのでしょうか。

**前田**　色々なパターンがあると思いますが、やはり時間の問題はあります。時間が無限にあるのなら、どれだけ失敗してもいいと思いますが、プロジェクトは1年単位の活動で、1年でそれなりの成果が出ないと達成感が得られない。例えば今年は、茅葺屋根の小屋を当時と同じ造り方をしようと、木材を伐採してというところからしていて、これを1年でするのは相当厳しいのです。本当は、ロープも葛性の植物を使って作る予定でしたが、それをしていると家が建たない。そこは大人の判断で、ロープは買おうということになりました。間に合わないという判断は子どもたちには難しいので、そこは伝えます。そのケースでは、全部自分たちでということよりも、達成感の方を優先したわけですね。

茅葺小屋を再現する中学生

他にも、失敗から学んで乗り越えていける子の場合は何も口を出さなかったり、逆にこの子には今とにかく成功体験が必要だと思うような時には、大人が一緒になって取り組んだりすることもあります。

**苫野**　子どもの村でも一つの理論的土台とされているジョン・デューイ[13]は、「経験の連続性」と「経験の相互作用[14]」という「経験の二原理」について論じています。経験というのは、その場限りのぶつ切りのものではなく、前の経験から次の経験へと連続していくものである。また、周囲の人や環境と相互作用しながら進んでいくものである。当たり前のことですが、この当たり前のことを、学校教育はきちんと大事にしているかとデューイは問うのです。その場限りのぶつ切りの知識を、時間割通りにただ学ばせるだけになっていないか、子どもたちが豊かな相互作用ができる環境を本当に考え抜けているか、と。その点、子どもの村では、これら経験の二原理がとても大事にされているなと感じます。子どもたちが、どんな環境とどのように相互作用することで、豊かな経験の連続性を実感できるのか、そして成長につながるのか。そんなことを、大人はいつも考えていますよね。

**前田**　子どもにもクラス全体の雰囲気にもよるので、今、目の前にいる子どもたちに何が言えるかということを常に考えていますし、担任の間でもよく相談しています。時々失敗もあって、こちらが焦って、このままでは間に合わないと意見を出し過ぎた時があって、その時は子どもに怒られました。「意見を出し過ぎだ、ともぴーは」ということでミーティングになりました。確かにそうだね、ちょっと焦って出し過ぎた、ごめん、気を付ける、と言いました。こちらのより良いもの、良い時間を作りたいという思いと、子どもたちが自分たちのペースでやっていきたいという思いとで、ずれがあったわけです。そんな失敗もあります。

(13) Dewey, John（1859-1952）。20世紀アメリカにおけるプラグマティズムの代表的哲学者。欧米や日本等に広まった、「児童中心主義」を掲げるいわゆる新教育運動・進歩主義教育運動の理論的支柱となった。シカゴ大学附属実験室学校（通称デューイ・スクール）を設立し、自らの経験主義の教育理論に基づく教育実践にも従事した。

(14) ジョン・デューイ著、市村尚久訳『経験と教育』（講談社、2004年）。

**苫野**　大人も失敗から学んでいく。教師というのは、子どもたちの前では自分の誤りを認めるのが難しいところがありますよね。でも子どもの村には、大人も当然間違うし、間違えばやり直せばいいという雰囲気が自然にありますね。

**井藤**　本当にそうですね。子どものペースを重んじて、大人はそれをしっかり見守っている。プロジェクトに参加するかどうか、というあたりも、子どもの自由に任せているのでしょうか。

**前田**　子どもの村は、**子どもの自由を重んじているけれども、授業を受けるかどうかというところの自由は認めていません**。学園長の堀が、教師が授業に出ても出なくてもいいよというのは、大人の義務を放棄していると言っています。その点で私も、授業が楽しいと思えるような場をやはり大人が創らないといけないという思いがあります。実際、子どもたちを見ているとプロジェクトを楽しんでいますよね。それを出なくてもありだ、とした時には、個人的にはずいぶんもったいないような気がしてしまいます。

　もちろん、子どもの村でも、特に入学したての時などは、授業に出たがらない子も時にはいます。そういう時はもちろん、無理強いはしないで、「今したくないんだね。じゃあどうする？　何する？」という感じで対応しますが、基本的には、出る／出ないの自由を認めるというよりは、子どもたちが出たくなるような授業を作っていかないといけないかなと思っています。

**井藤**　プロジェクトはある意味で子どもの自由を守るための枠組みであって、その場まで連れ出すところまでは**大人が責任を持つ**ということなのでしょうね。

**苫野**　大人の責任。教育という営みにおいて、決して手放してはならない重要なことだと思います。

## 北九州子どもの村の実践で感じること

――ここからは取材を踏まえて、色々伺って参ります。まずは何からいきましょうか。

**井藤**　子どもたちの活動の様子を見て、本当に感動しました。その時のワクワク感や感動がまだ体の中に残っているのですが、まずは一点、私からお聞きしたいことがあります。子どもたちがお店を作っていましたよね。木の上にツリーデッキを造った子たちもいましたが、そういった、建物を実際に造ってみたいと思う年齢の傾向のようなものはあるのでしょうか。と言うのも、シュタイナー教育でも、家づくり[15]という活動が9歳頃、小学校3年生頃に行われるのです。何かそういった、年齢ごとの興味の持ち方のようなものがあれば、ぜひ伺いたいと思いました。

### 縦割りと年齢的傾向

**前田**　私は、今、中学校のクラスの担当ですが、勤め始めて5年は小学校のクラスを持っていました。その時は農業系のクラスだったので、建物づくりに関して直接は関わっていませんが、1、2年生の低学年の子は、大きいものへの興味・関心は薄い印象があり

(15) 192頁を参照。

ます。もっと身近な小さなもので、例えば木工のおもちゃとか、女の子であればふわふわしたクッションやぬいぐるみとか、そういう小さなものを作りたいというのはあるかなと思います。だんだん大きくなってきて、大きな建物を造りたくなるというのは、傾向としてあります。ただ、もちろん、それも子どもによりますよね。縦割りで1年生からやっていくと、その面白さに気付く子は、1年生でも2年生でも、大工の上手な大人に憧れを持って、バンダナしているのを真似たりしながら、大きなものを造りたいという気持ちを持つ子も中にはいます。

低学年でものこぎりを巧みに扱う

**井藤**　個人差があるとはいえ、年齢的な傾向が見られるようなら、面白いですよね。シュタイナー教育なら、一人ひとりの個人を出発点にしつつも、もう一方で、体系立った発達理論があるので、この時期にはこういうこと、という学年ごとの学びを先生の方で準備するのが基本ですが、子どもの村の場合は、子どもたちの声を聞きながらプロジェクトが構成されていく感じですよね。そこのところ、「このプロジェクトを通して、これくらいの学年の子たちにはこんなことを学んでほしいな」というような大人側の意図がどこまであるのでしょうか。

**前田**　そうですね。プロジェクトを通しての、「学年ごとの狙い」という意味では、学習指導要領に関する教科的な知識は把握しておいて、ある程度その通り学んでいけるようにというのは考えますが、ただ、それに関してはそれほど厳密にはこだわらず、6年間通して学べればいいというスパンで考えているので、何が何でもこの学年でこれを教えるということはまずありません。プロジェクトを通して私たちが目標にしているのは、**「感情面、知性面、社会性／人間関係という三つの側面で自由な子どもたち」**というところなので、この三つのそれぞれの観点において、子どもたちにこんなふうになっていってほしいという思いは持っています。

**苫野**　プロジェクトという生の素材があって、そこからそれぞれの子どもたちが様々なことを学び取っていく。その学び取るものは、もちろん人によっていくらか異なっているけれど、その経験を通して、誰もが知性的にも感情的にも社会的にも、より自由な人になっていけるようにということは必ず意識する。そんなふうに捉えていいでしょうか。

**前田**　そうだと思います。あとは、私たちは、この年齢だからこういう発達段階というふうにはあまり考えないようにしています。同じ年齢の子どもたちでも、1年生で入ってきた段階から本当に違いますよね。知性も違うし、感情的にすごく自由な子もいれば、不自由な子もいるので、その子一人ひとりを見て、この活動を通して自信をつけてほしいとか、このあたりの力を伸ばしていってほしいな、というのを、その都度考えています。ただ、やはり確かに発達段階のこともあるので、気になる子どもたちのケース報告をし合う時に、学年に照らしてどうなんだろうかと、担任として不安な声が出ることも時々あります。話し合う中で、確かに年齢的に不安な部分はありつつも、今、その子には必要な段階なのだろうから、否定しなくていいのではないかという結論になることもありました。

**井藤**　ミーティングだと、小学1年生、7歳になる歳から1人1票を持つことになりますよね。子どもが自分の意見を対等に話していけたり、自分の自由というもので動けたりする年齢として、7歳頃の子どもというのはどんなものでしょうか。どれぐらいの年齢から、自分の力で、自由に、ということをやっていけるように感じておられますか。

**前田**　自由というものをどういう意味で捉えるかにもよりますが、小学1年生でも、ミーティングで結構発言をします。高学年より多い時すらあります。そういう意味では自由に生きる力を発揮できていると思いますが、あまり周りを気にせず、自分の欲望のままに言っているような印象もあって、他の人への配慮という点では欠けていますよね。

例えば、キャラクターのシールを持ってきて、交換し合うということが問題として取り上げられたことがありました。ミーティングで話し合われた時に、その子が気づけないような、「買ってもらえない子はどうするの」とか「本当はあげたくないのに断れない子も前にいたよ」といった問題を周りの子たちが色々言ってくれるのです。最終的に、その子も「わかった」と言いました。だから、自分のしたいことをきちんと主張して、でも、「こういう問題が起こるんじゃない？」と周りに言われて、渋々かもしれませんが納得したのなら、「一人ひとりがみんなと自由に」という意味での自由に生きる力は、

1年生でも発揮していけるように思います。

**井藤**　自己主張自体は低年齢の時からできて、でも、それをみんなと共存する中でどう調整していくかというのは、周囲や上の学年と関わる中で学んでいくのですね。

**前田**　プロジェクトもそうですが、学校生活の中で色々な行事があり、その中で困り事もありますよね。そういうのをみんなで話し合って解決していくので。

## 異学年の利点と困難

**井藤**　異学年が混ざることのポジティブな影響をどのようにお考えでしょうか。

**前田**　異学年の利点として、ぱっとすぐ思い付くのは、やはり**助け合えるということ**ですね。これは、間違いない。助け合えるということは、できない子にはできるようになるチャンスだし、できる子にとっても成長のチャンスだと思うのです。それまですごく自分勝手で、周りに迷惑をかけていた子に限って、ある時突然そういうことができるようになったりする。その子はそこですごく成長しますね。他律から自律へと至るきっかけがそんなところにあるのかなと個人的には思っています。

**苫野**　逆に、学年が混ざることによる弊害のようなものはあるでしょうか。中学生くらいになると、上の学年が強くて、下の学年の子たちが萎縮してしまうという例もしばしば耳にします。子どもの村に何度か行かせていただいた限りでは、それを感じたことはあまりありません。ミーティングの時も、下の子たちがおじけづいている感じがそんなにしない。だとしたら、何でだろうというのも興味深いです。

**前田**　中学校では、やはりそういうこともあります。例えば、クラスのミーティングでも、中1から中3では、当然中3の子が一番経験も多いし、言葉が達者な子も多い。そうすると、中3ばかりいつも発言しているという状態になるということがわりと起こります。でもそれを、大人だけでなく、子どもたちも問題だと感じるのです。だから、その問題についての話し合いをよくします。どうして1、2年生は意見を出せないんだろうということを、今年も話し合いました。

そこでは、「3年生に意見を否定されるのが怖い」とか「考えている間に3年生に先に言われてしまう」といった意見が出て、最終的には、3年生は「少し待ってから発言する」「他の人の意見をバカにするような発言をしない」といった解決策が出されました。小学校でも、高学年ほど目立つ仕事とか、やりがいのある活動(16)を取ろうとする。そういう時は、大人が口を挟んで、「やりたいのはわかるけどさ、小さい子もやりたいんじゃない?」と言ったりして、小さい子もやりがいのある仕事に就けるように声を掛けることがあります。でも、多分、だんだん子どもたちもそういうのを理解して仕事をゆずってあげられるようになってきているのではないかなと思います。

**井藤**　議論を損なわない程度にちょっと口を挟んでいく、そのあたりは大人の技量が求められますよね。

## ミーティングの作法

**苫野**　ミーティングの関連では、対話の場において、よく、安心安全の場づくりの重要性

(16) 「ユースフルワーク」と呼ばれる「みんなのためにちょっといいことをする時間」が朝の時間帯に設定されている。

が言われます。そのために、まずは何を発言してもいいとか、すぐ否定しないとか、そういったルールを共有することも多いですよね。でも、子どもの村ではむしろ、わりと本気の議論やぶつかり合いが日常的にあるように思うのですが、その辺りはどうでしょうか。前もって、対話の作法やルールみたいなものを共有しようといったことは特にはないのでしょうか。

**前田**　ルールということについては、例えば、話し合いの下手な子は、すぐに多数決しようとするので、もっと意見を聞かないと決められないよ、というようなことは言いますが、それ以外は特に決まりはありません。私の高校時代は、関西だから特にガンガン行くところもあったのかもしれませんが、ミーティングが終わって泣いている子もいましたね。

**苫野**　実は最近、守られすぎた対話の空間というものに、違和感を持っているのです。もちろん、対話の経験が圧倒的に不足している場合は、まずは守られた安心安全の場で対話の経験を重ねる必要があると思います。でも、過剰なほどの「人を傷つけてはいけない」という空気感の中でばかり言葉を交わし合っていたら、異なる他者との間で「対話を通した合意形成」をする力は、結局のところ育まれないのではないかとも思うのです。

**井藤**　傷つけること／傷つくことを極度に恐れる雰囲気は[17]、今の学生たちを見ていても強く感じますね。

**苫野**　お互いに傷つけないように／傷つかないように配慮し合う。それはそれでとても優しい、気遣いのあるコミュニケーションです。でも一方で、SNSでの匿名の誹謗中傷

(17) 社会学者の土井隆義は、2000年代以降の若者たちを「マサツ回避の世代」と呼び、「優しい関係」の維持を最優先にして、なるべく衝突を避けようと慎重に人間関係を営む傾向があると分析している。土井隆義『友だち地獄――「空気を読む」世代のサバイバル』、（ちくま新書、2008年）。

は後を絶たない。まるで、リアルの関係で言いたいことを言えずにためこんだストレスを、ネット上で増幅して吐き出しているかのようです。だとすればなおのこと、私たちはむしろ、傷ついたり傷つけたりした時に、いかにコミュニケーションを通して関係をやり直していくか、という力を育むことが大事なのではないかと思うのです。

そういう意味で、私も子どもの村のミーティングを何度か見せていただきましたが、結構本気で侃々諤々《かんかんがくがく》やるし、その場面だけ見るとちょっとやり過ぎじゃない？　と思う(18)時もあります。でも、そこは大人がいくらかフォローもするし、やはり長い目で見る必要がある。**子どもたちは、何年もかけて、対話を通した関係づくりの力を育んでいる**と思うのです。子どもの村の子どもたちにいつも感じるのは、そのたくましさです。

クラスでの話し合いではどんどん手が挙がる

**前田**　確かに、あまり遠慮はしないような気がします。色々なミーティング内容があって、トラブルや、誰々に嫌なことをされたというような時は、やはりそれをした子に非難が集中するようなことがあります。そ

(18) 2016年にきのくに子どもの村学園を訪問した時には、子どもたち同士の間で起こっていたトラブルを、自分たちで解決するためのアイデアを出し合う場面に立ち会った。その際、しばしばトラブルを起こしてしまっていた一人の子どもに対して、他の子どもたちが感情的に批判をすることがないよう、大人が配慮を促していたこと、また子どもたちがそれに応えて落ち着いて議論を進めていたことが印象的だった。

の場合、大人が「○○君も寂しかったんじゃない？」というフォローをすることはあります。それから、たまにいじめのようなことがあったような時もミーティングで話し合いますが、そういう時は、結構みんな怒ります。大人も怒ることはあるし、周りの子どもたちも「何でそんなことすんの」と声を荒げたり、涙を流しながら意見をしたりすることはあって、そうやって当事者を呼んで大人だけが話をするのではなくて、子どもたち同士の意見の方が、いじめをしてしまった子には効果がありますよね。オープンに本音でぶつかり合って問題を解決していけるというのは、とても大事だなと思います。本当にたくましいなと。

**苫野**　とはいえ、一回の話し合いで解決するというわけでもないですよね。

**前田**　そうですね。確かに、例えば嫌なことをした子が「確かにやりました。もうやりません」と約束して終わっても、じゃあ、約束したからもう二度としないとはあまり思えませんよね。その後も引き続き似たような問題が起こるだろうなと。でも、**その度にミーティングをしたらいい**と思っています。子どもたちの中には、どうせ約束してもまたやるんだからミーティングなんて意味がない、と口にしているような子もいます。そう思う気持ちもわかりますが、そういう積み重ねで子どもたちは少しずつ変わっていくと私は経験的に実感しています。

**井藤**　全校ミーティングだけでなく、場に応じて対話の機会は多くあるの[19]でしょうか。

**前田**　ありますね。その問題がクラス内で起こったことだったら、クラスでミーティングをするし、それがクラスを越えた問題なら、全校ミーティングをする。全校ミーティン

(19) 筆者らが見学に訪れた際にも、放課後に子どもたちが修学旅行中のお弁当について、ミーティングを行っていた。毎年、修学旅行に行くか／行かないかも含めて子どもたちで決めるのだという。

グは週1回と決まっていますが、いじめや暴力といった問題は、すぐに全校ミーティングを開いて解決しようとします。ミーティングボックスがあるので、そこに議題として取り上げてもらいたい内容を書いて出すようになっています。大人がいじめに気づいたような時には、例えば通常ならプロジェクトの時間をすぐ全校ミーティングにするというふうに対応します。子どもの方から、臨時のミーティングをしたいということもありますね。

**井藤**　いじめというと、特にデリケートな問題ですが、一気に全校でやることにためらいはありませんか。

**前田**　それはやはりあります。いじめられていた子のことを一番に考えるので、その子がいじめられていたというのをみんなの前で伝えられること自体がしんどいことかもしれない。そこで、まずは本人に話をして、大人としてはみんなで解決していきたい、ミーティングをしたいんだけどどうかな、という話をして、そこでどうしても嫌だとなれば、もちろん無理にはしません。

**苫野**　もう一つ、さっきちょうど話も出たので、多数決についての子どもの村、あるいは前田さんのスタンスをぜひお聞かせいただきたいなと思います。

**前田**　話し合いに慣れてない子ほど、すぐに「じゃあ多数決取ります、A案がいい人？B案がいい人？」とやろうとします。でも、それはちょっと待ってよ、と必ず声を掛けます。それでは全然議論が深まっていない。まずはみんなの意見を聞こう、という話をします。すると、話し合いに慣れている子どもたちは、別の案を探そうとします。みんながが納得できる答えを探ろうとする。とりあえず、みんなの意見を聞いてみようと人数を出して、少数になった子たちがいた場合、少数の子よりも、逆に多数派の子が別の案を出してくるのです。**みんなが本当に納得する答えを探ろうとする習慣**が付いているのでしょうね。

**井藤**　最後まで、みんなが納得できる案を考えて、出尽くして、なお決まらない場合、じゃあもうここは多数決でいいかなという時が来たら、多数決に移るという感じでしょうか。

**前田**　それが多いですね。もちろん大したことではないことなら、さくっと決めてしまうこともありますが、大事な時ほど、仮に多数決したとしても、少数派の子に対して「ほんとにそれでいい？」とか「まだもっと考えたいなら時間取って話し合おうよ」という意見がわりと自然と出てくるのです。少し話は変わりますが、ついこの間、クラスの子どもたちに「多数決の問題点ってなんだと思う？」と聞いてみたのです。そうしたらすぐに、「少数派の意見が無視されること」「多数派に流される子がいること」「多数派が正しいとは限らないこと」といった意見が出てきました。これには驚きましたが、毎日のように行われるミーティングを通して子どもたち自身が気づいた知識なのだと思います。北九州子どもの村ができて11年。ずいぶん成長してきたなと思いますね。

**苫野**　これは貴重なお話です。「民主主義とは多数決である」という誤解がしばしばありますが、それは全く正しくないのですよね。子どもたちが言ったように、まさに「多数者の専制」になってしまうからです。A案かB案かで安易に多数決を取るのではなく、みんなが納得できるC案やD案を考えようとすることができるなんて、本当に素晴らしいことです。

## 大人の役割

**井藤**　全体の主導権を子どもに任せつつ、大事なところで大人がすかさず介入する、というのが、プロジェクトでもミーティングでも特徴的であるように感じます。その介入の匙加減、という辺りの話なのですが、演劇のプロジェクト(20)を見ていた時に、演出家の方がプロの視点から導いている場面に遭遇しました。課題によっては、教育者側の、引っ張っていく力が大きくなることもありますよね。何でもかんでも子どもたちに任せて、自分たちで作り上げる力を大切にするというよりは、そういったプロの力を借りて、回してもらった方がいいと判断される場合は、教育者側が強く引っ張っていく。そういう場面も見受けられ、すごく面白いなと思いました。

**前田**　時々、劇団のクラスで、外部の、プロの演技をされている方に講師として来てもらうというのはありますし、劇団に限らず、プロの農家や職人、研究者の方に話を聞かせてもらうこともよくあります。ただ、プロジェクトに一緒に取り組む大人としてどれだけ口を出すのかというのは毎回悩ましいところです。でも、完全に子どもたちに任せるべきだとは思っていません。**やはり大人が介入した方がいい、その方が子どもたちの経験の質が深まる**と思っています。その方が、より一層、広く深く学んでいけるし、好奇心を喚起して、また新しい学びへと広がっていくと思っています。

(20) 学校訪問記にもあるように、小学生の「劇団ひらおだい」は、ちょうど体育館で自作劇の練習をしていた。ハロウィンとクリスマスを題材にした演劇で、各場面に出演する子どもたちが前に出て、ゲストのプロの俳優と細かな演出について熱心に話し合っていた。大道具の扉の使い方など、プロの目から見た提案がなされるが、その都度、子どもたちは口々に意見を返していた。残りのメンバーは地べたに座ってその様子を見守っており、時折、笑い声が起きるなど、終始和気藹々とした雰囲気で、脚本や演出があらかじめ決められたものとされるのでなく、上の学年の生徒が意見を出して引っ張りながら、皆の力でどんどん練られていく様子があった。また、中学生のプロジェクト「テアトル平尾台」では、木村拓哉主演の映画『マスカレードホテル』にインスピレーション

**井藤**　その点は子どもの村の実践としてはなかなか強調されていませんが、興味深い点ですよね。大人は、上から教え込む教師ではなく、そうかといって完全に子どもと対等なわけでもなくて、より全体を見通す力を持ちながら、しかし子どもたちと同じ地平に立っている。

**前田**　必要な時に口は出しますが、ミーティングに関して言えば、大人と子どもは同じ1票ですし、プロジェクトや学びにおいても、教師と生徒、教師と児童というふうには考えていないのです。だから、私自身、いつも思うのは、同じ探究をする仲間という意識なので、**仲間として言いたいことは言う**、ということです。ただ、それが子どもたちの学びを阻害するような時は、もちろん言わない。大人が答えを知っているわけではない探究活動、プロジェクトばかりなので、一緒になって楽しんでやっているという感じもありますね。

小学生の演劇のプロジェクト

**苫野**　対等な仲間ではあるけれど、同時に、先に生まれた者としての様々な役割も非常に大事にされている、と。

**前田**　やはり、一番の目標は、「一人ひとり

を受けたオリジナルの演劇の制作に取り掛かっており、教室でパソコンを投影したモニターを見ながら、皆で役ぎめや脚本作りを一から始めている真っ最中だった。

がみんなと自由に」というところで、好奇心の高い子も、今のところそうでない子も、みんなが生きたいように生きる力をつけてもらうこと。それには、私たち大人の役割が大きいと思っています。大人もどんどん色々なことを学ばないといけない。私は、社会科の担当ですが、社会科学だけでは駄目で、自然科学系の知識も持っていないと、自然科学系に関心を持っている子の支援がなかなか難しい。一緒のレベルで探究するというぐらいになってしまうと、一歩先を見通せない。そういう子どもたちの経験を深めていけてないな、というのが反省としてあります。

**苫野** プロジェクトを中心にした学校だからこそ、先生も一層学び続けることが必要だし、また、それを楽しむこともできるのですね。

**前田** だから、楽しい。大人としては忙しいのですが、好きなことをしている感じがします。

## 寮生のたくましさ

**井藤** もう一つ、お聞きしたかったことがあります。今回の本で取り上げる学校の中で、寮生活をしている子どもがいるのは、子どもの村のみなので、そこもぜひ伺ってみたいのですが、改めて、寮生と通学生の割合はどれぐらいでしょうか。

**前田** 北九州ではこれまで半々という時期が長かったのですが、最近は、寮生が増えてきています。子どもの村全体では、学校によって割合が違いますが、北九州は6対4ぐらいに近づいてきているのではないでしょうか。

**井藤** そうなると、寮生の子たちの結束が強まったりして、通学生との間にギャップが生まれるようなことはないのでしょうか。

**前田**　それはあまりないと思いますね。寮生・通学生関係なく、それぞれ気の合う友だちと仲良くしているように思います。ただ、寮生の方が放課後の時間が長いので、通学生がうらやましがるというのは、中学生ぐらいだとよくありますし、逆に、小学校の低学年の子ではやはりホームシックもあったりするので、「通学生でいいな。私も帰りたい」という子も中にはいます。

**井藤**　低学年、1年生、2年生の子たちの場合、週に1回家に帰るとはいえ、月から金まで親元を離れて過ごすというのは、それなりの精神的負担があるのでしょうか。

**前田**　それはそうですね。1年生の4月から寮生になる子などは、最初の2、3カ月は毎晩泣いて泣いてということも中にはあります。ただ、小さい子ほど慣れるのは早いですね。何事もそうなのかもしれませんが、思いっきり人目を気にせず泣いてというのをある程度続けたら、ピタッとそういうのがなくなって、寮を楽しみだす。だから、逆に、例えば高学年で寮生で入ってきて、という子の方がホームシックが長引くということもあります。

**井藤**　ホームシックになった子どもたちに対しては、何かサポートがあるのでしょうか。

**前田**　寂しくて眠れない時に、寮母さんが枕元で背中をトントンしてあげたり話を聞いてあげたりということはあって、それもとても大事なことですし、同時に、同じ寮生の子どもたちが結構励ましてくれています。泣いている子がいたら、上の子や、寮生活に慣れた子たちがケアをしてくれるというのも大きいかなと。

**井藤**　なるほど。すると、最初は多少寂しい思いをすることがあっても、とにかくまずはワイルドな環境にポンと子どもたちを入れて、周りに支えてもらいながら1人で立てるようにしていくわけですよね。親としても、ある程度手を離さなければならない。精神的なタフさというか、たくましさみたいなものが、そういったところからも培われてくるのかなと、今伺いながら思いました。

**苫野**　寮育ちの子どもたちを見ていると、やはりたくましい感じは受けますか。

**前田**　それはありますね。もちろん個人差はあるとは思いますが、やはり親元を離れて生活しているので、精神的にも基本的な生活習慣の面でも少し自立が早いように思います。さらにいえば、たくましさと言うのかどうかわかりませんが、寮生の方が周りの子の気持ちを思いやる力がより育っていくように感じています。それは多分、誰もが最初は寂しい思いをする中で、**誰かに支えてもらう・受け止めてもらう経験を通して、他の子に対しても優しくなっていく**のだろうなと思います。

## 大人同士の話し合い

**井藤**　もう一つ、ぜひ伺いたかったのが、大人同士の話し合いはどんなものなのだろうというところです。先ほども、気になる子どもについてのケース報告というお話がありましたが、そういうふうに、一人の子について話し合う機会があるのか。それから、学期の終わりに、クラスを越えてプロジェクトの進捗を共有しあう機会があると伺っていますが、普段はどんな感じなのか聞かせていただけたらと思います。

**前田**　まずは、学期に一度は必ずそういう時間をとって、活動の報告や、今後の予定の話し合いをしますし、子どもたちの様子を共有し合います。この子はこういうところで困っているようだけれど、どういう支援の仕方がありうるか、というようなことを色々話し合います。それは小学校、中学校合わせてやっていますが、それとは別で、小学校は小学校、中学校は中学校の大人で集まって話をするという機会もよくあります。頻度は決めずに、ことあるごとに、問題があればそのたびに話し合いをしますし、問題ではなくて、逆に、あの子はこういう成長が見られたよ、というような話も、自然な流れでよくしています。

**井藤**　そういう「あんないいことがあったよ」とか、「こんな問題があったよ」という話題から外れてしまう子、例えば、当たり障りなく、健康的にやってる子だと、なかなか話題に上がりづらかったりすることもあるのかなと思ったのですが、三者面談のような形で、個別に保護者の方と話し合ったり、フィードバックしたりする機会はあるのでしょうか。

**前田**　保護者の方との定期的な面談はありません。事前に連絡をもらって面談の時間を設けたり、学校を見学してもらったりすることはあります。そんなふうに、何か気になることがあってもなくても、親御さんとお話をする機会はあります。あと、先ほど言われたように、成長した面があったり、問題があったりした子は、話題に上がりやすいといえば上がりやすいですが、そもそも**人数が少ないので、全員のことをよく話している**と思います。特に、担任同士では、プロジェクトの中でこの子は今何をしているかとか、どういうところで困っているのかとかいう話もするので、全員、わりとよく話題に上がっているかなとは思います。

**井藤**　なるほど。人数が少ないという点でも、あと、**担任の大人が複数いる**という点でも、一人ひとりについて共有されやすいところがありますよね、きっと。担任の大人同士で見方が違うようなこともあるのでしょうか。

**前田**　それはありますね。合う／合わないという相性の問題もありますし、やはり、特に中学生ぐらいになると、どうしても人によって見え方が違うことはありますよね。

**苫野**　いわゆる固定担任制には、そうした問題があると言われています。やはり多様な大人と関われた方がいいですよね。

**前田**　間違いなくその方がいいと思いますね。**色々な人が、色々な観点からその子を見る。**例えば、私が、少しマイナスな面を言ったとしても、他の人が「いや、でもこういうところもあるよ」といい面を言ってくれたりするので、複数いた方がいいなと感じます。

**井藤**　きっと、そうして構造的に支えられているものもあるのでしょうね。

**前田**　そんなふうに考えたことはありませんでしたが、確かにそうですね。

**苫野**　よくできたシステムだと思いますよね。やはり、何十年の英知が積み重ねられている感じがします。

**前田**　そうですね。先日、仕事始めの日に、学園長が最初に職員に対するあいさつで言ったのが、やはり子どもたちの笑顔が宝だと。ちょっとくさいですが、でも、全然くさくは聞こえないのです、私たちには。子どもたちの笑顔が宝なんだと。子どもたちと一緒に楽しもうという。やはりそこが一番だなと感じつつ、それを支えているような、そういう構造もあるんだなと、今、改めて思うところがありました。

## 存在を承認すること

**苫野**　学校というのは、ある意味で子どもたちの姿がすべてです。私自身は、子どもの村を訪れるたびに、子どもたちがいつも笑顔で、生き生きしているのを感じます。先日訪問した時も、中学生たちと「戦争」をめぐる対話をご一緒しました。その後、さらに「愛」をめぐっても対話しましたが、子どもたちの、借り物でない「自分の言葉」にはいつも感心します。そして、先ほどの「子どもたちの笑顔が宝」もそうですが、大人たちもいつも子どもの話を嬉しそうにしている。本当に素敵だなと思います。

**前田**　ありがとうございます。子どもの村で、私たちが大事にしているのは、受け止める、認めるというところで、そこが出発点だと考えています。ただ、そこでいつも気を付けなきゃなと私自身が思っているのは、承認というのは、能力の承認ではないのですよね。どうしても、成長する子を見るのはすごく嬉しい。ただ、やはりそれだと、能力主義に陥りかねないところがあるので、もちろん能力の承認もあっていいけれど、まずは**能力の承認というよりも存在の承認でなければいけない**なということを、日頃、頭のどこかに置くようにしています。

**苫野**　おっしゃる通りですね。存在承認のベースがあって初めて、安心して能力承認の世界にも出て行くことができるわけで、存在承認のベースがなくなると、常に自己不安に陥ってしまう。そうすると、自分のことを認められないし、他者のことも承認できなくなる。チャレンジもできなくなる。そういう意味で、能力承認ではなく存在承認がベースなんだという、今の前田さんのお話は本当に大事だと思います。

**前田**　存在の承認、私は「愛」と言っていますが、まずはそれがあるべき。その上で、探究だったりコミュニケーションだったり自己決定だったりができるのだと考えています。

**――貴重なお話をありがとうございました。**

**井藤・苫野**　ありがとうございました。

# 第2章

# 伊那市立伊那小学校

## 子どもは自ら求め、自ら決め出し、自ら動き出す

**所在地**　長野県伊那市山寺3221番地
**設　立**　1872年
**児童数**　603名（2023年10月現在）
**U R L**　http://www.ina-ngn.ed.jp/~inasho/

# 学校概要

伊那小学校は、長野県の南部、伊那市の中心部にある公立小学校である。創立は1872年（明治5年）で150年以上の歴史がある伝統校である。今から40年以上前、1978年から総合学習が学びの中心に据えられ、自然豊かな環境の中で子ども主体の教育が実践されている。同校の教育目標は「眞事・眞言・誠」。これは地元出身の文芸評論家・哲学者の唐木順三[1]の言葉であり、伊那小の教育の土台に位置づいている。学校研究のテーマは「内から育つ」であり、「子どもは自ら求め、自ら決め出し、自ら動き出す力を持っている存在である」という子ども観に立ち、子どもたちの求めや願いから学びが展開されている。

伊那小学校のカリキュラムは非常に独特である。基本的に3年間クラス替えがなく、同じ担任、同じメンバーで体験的な学びが営まれる。また、担任が学習指導要領を踏まえて学習の年間計画を立てるが、児童の様子をつぶさに観察しながら、その都度、計画を変更してゆく。

総合学習のテーマは、各クラスの先生と子どもたちで考えて決められ、そのテーマに基づいて3年間の学びが進められる。動物を飼育するクラス、天然酵母のパンを作るクラス、自作のアスレチックを作るクラスなど、総合学習・総合活動のテーマは様々である（各学年、各クラスの探究のテーマは学校のホームページで公開されている）。低学年（1・2年）のうちは「総合学習」の時間だけで時間割が構成されるが、高学年になると教科学習や道

（1）
からき・じゅんぞう（1904-1980）。長野県上伊那郡宮田村出身の哲学者。主な著書に、『現代日本文学序説』『鷗外の精神』『中世の文学』などがある。

徳、特別活動の時間もある。3年生から6年生は「総合活動」と呼ばれ、「教科などの学習の基盤になるという側面と、教科などの学習で得たもの」が統合され、両者が一体となった学びが行われる。

「総合学習」「総合活動」のテーマは各教科の学びへと自然な形で接続されている。例えば、「ヤギの飼育」をテーマにしたクラスでは、ヤギの様子を記録する中で漢字やカタカナを学び、ヤギの体重を計る中で、小数の計算、単位（㎝や㎏）を学んでいく。加えてヤギの赤ちゃんが生まれる体験を通じて命の大切さを学ぶ機会にもなる。

また、同校は、教員がその時々の子どもたちの状況に合わせて柔軟に時間割を変えている。例えば、授業の終了時刻の時点で、授業がクライマックスを迎え、子どもたちの集中力が続いているならば無理に授業を終了せずに、区切りの良いところまで延長される。45分ごとに機械的に教科が入れ替わる一般的な時間割とは異なり、子どもが学びに没頭している状態を「邪魔しない」ことが大切にされた、子ども優先の流動的な時間割なのである。その必然的な帰結として、同校にはチャイムが存在しない。特筆すべきことは他にもある。1956年（昭和31年）に「通知票」が廃止され、以後60年以上もの間、この学校には「通知票」が存在していない。代わりに、保護者との面談において、学習カード（子どもたちによって授業の振り返りが書かれたもの）や子どもたちの作品などを参照しながら、いかなる過程で学びが深められていったかがシェアされる。また、学年末には子どもたちが1年間の学びの成果を披露する学習発表会が実施される。さらに、毎年2月には公開学習指導研究会が開催され、同校の実践に興味がある人は誰でも参加できる。

# 学校訪問記

伊那市立伊那小学校は、ＪＲ飯田線・伊那北駅から徒歩で7分ほど山道を上った、見晴らしのいい高台にある。静かな広葉樹林に囲まれた歴史ある校舎は、集合の8時半にはすでに子どもたちの声で賑わっていた。

校長先生にお話を伺った後、教頭先生に校内をあちこちご案内いただいた。校舎は「田」の字型に中庭を囲み、そこでポニーやヤギといった、各クラスの動物の飼育が行われていた。1階にある1年生の教室はすぐに中庭に飛び出していくのに都合がよく、学習に出かけたとみえて、すでにもぬけの殻だった。各教室の前の廊下に貼られた学びの記録の掲示等、一通り校内を見学してから、さっそく田中先生の6年山組の子どもたちの集まる「ともがき室」に向かった。

子どもたちは7時半には登校し、その日計画されていたパン焼きの準備を始めていた。6つの班に分かれ、それぞれパンのメニューを決めており、家庭から持ち寄った材料を並べて、慣れた手つきでパンの発酵作業を進めている。入室した筆者らの前には、女の子たちの自己紹介の列ができ、懐っこく、どこから来たのか、年はいくつかと一通り話しかけた後、自分たちのこねているパン生地がどんなに柔らかいかを、実際に触って確かめさせてくれた。両手で大事そうに抱えて渡してくれた生地は、彼らが試行錯誤の末に育ててきたレーズン酵母を用いて発酵させたもので、柔らかな猫のように白くふっくらしていた。ボウルに寝かせて時間を置くと、さらに伸びやかに大きく膨らんでいくので、その様子を子どもたちはさも愛おしそうに、肩を寄せ合って見つめていた。このたび新しく起こしたリンゴ酵母と従来のレーズン酵母との発酵の進み具合の違いを、科学者の眼差しで観察している男の子もいれば、タブレットのタイムラプス機能で生地の膨らむ様子を撮影しながら、静かに待っているグループもあった。

そのうち、各グループから数人ずつ、田中先生の引率で中庭に向かい、石窯を温める準備を始めた。班の数だけ、6つ並んだこの石窯は、5年生の時に自分たちで煉瓦を組んで作ったものだという。皆、苦労しつつも手際よく火を起こし、煤の舞う中、一生懸命に窯を覗き込んでいた。一方、教室に残った子どもたちは、ちぎりパン、あんパン、細長いスナックパンなどの形に生地を成形したり、平べったく伸ばした生地に、コーンやトマトなどの具材を飾ったピザを作ったりと、こちらも賑やかに作業を進めていた。焼けたら持ち帰って、普段忙しいお父さんに食べさせるのだと嬉しそうに話してくれた子もいた。

いよいよ窯の準備が整うと、全員が中庭に出て、焼成の作業が始まった。これまで何度も生焼けの失敗を繰り返したという彼ら。窯の中のどこに鉄板を置くか、メンバーで話し合いながら、熱の入り具合を慎重に見定める目は、真剣そのものだった。焼き上がった班から、熱々の焼き立てパンをさっそく実食し、そこここで歓声が上がった。筆者らにも気前よく完成品を持ってきてくれたが、ほんのり焦げ目のついた白いパンは、外はカリッと、中はふんわり焼けていて、素朴な優しい美味しさだった。

田中先生は、子どもたちと共に汗をかいて窯を覗いたり、作業に入りづらくなっている子に声をかけたり、パンの焼け具合にどんな反省点があるか問いかけたり、子どもたちの細かな発言も取りこぼさないよう、小さなメモ帳に書き留めたりと、様々なレベルで活動に関わっており、その八面六臂《はちめんろっぴ》の姿が心に残った。

午後は、6年山組から離れ、近隣のお寺から借りている畑などを含め、他のクラスの活動を案内してもらった。林にアスレチックを組み立てるクラスもあれば、農作業のために農協の人を呼んで話を聞くクラスもあり、学級ごとの個性も窺われた。

コロナ以降、伊那小学校の実践に惹かれて移住してくる家庭も増えており、1学級増となるほど、学校全体で児童数増加の状況にあるという。それに伴う雰囲気の変化や、児童1人につき1台のタブレット配布という市の方針といった新しい教育課題と、従来の歴史ある総合学習との間にどのように折り合いをつけていくか、難しい挑戦に日々取り組んでいるところだと、校長先生は話してくれた。田中先生のクラスにも転入生は複数おり、活動を通して徐々にクラスに馴染んでいっているとのことである。元々この校区に生まれ、自然な進学先として入学する生徒と、伊那小学校の実践をあえて選んで転入する生徒とが混ざり合うのは、まさに公立学校ならではの特徴であるように思われた。

# ナビゲーター紹介

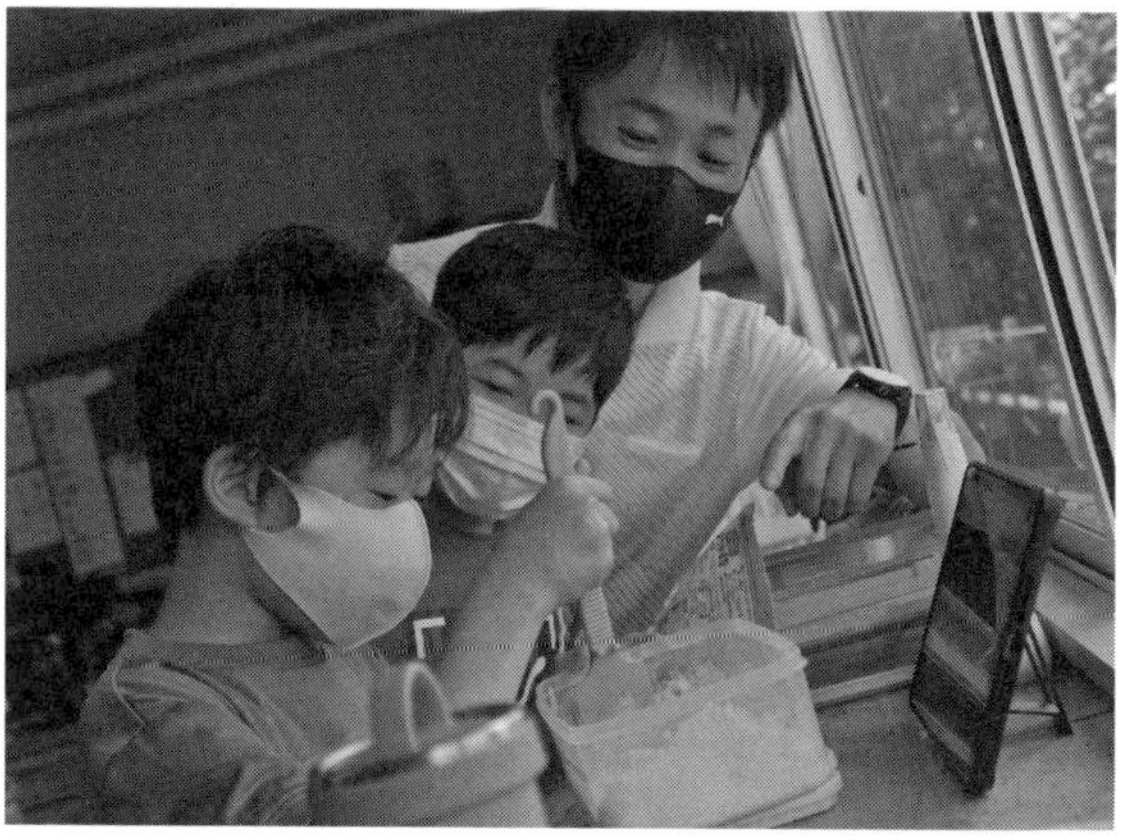

## 田中孝弘（たなか・たかひろ）

奈良県の小学校で8年間勤務したのち、家族と共に長野県に移住。長野での初任校となった木曽町立上田小学校は、地域の方々に愛され惜しまれながら閉校が決まり、その最後の1年に1年生7人を担任。翌年には隣の福島小学校へ子どもたちと異動となる。計6年間、木曽っ子たちと育ち合い、2017年に伊那小学校に赴任。14年間積み上げてきたものは一体何だったんだと、自身の教育観や子ども観を見つめ直さざるをえなくなり、葛藤、奮闘しながら1年生の子たちと3年間、羊さんとの暮らしを創った。さらに、高学年の子たちと総合活動を楽しみたいと願い、4・5・6年生へと進級していく子たちと共に石窯パンの面白さにはまりこんでいった。

## 伊那小学校に至るまで

（聞き手：小木曽）

——まずは、田中先生の人物像に迫る中で、先生の目を通して見た、伊那小の実践テーマや魅力、苦労しておられる点などを伺っていけたらと思っております。まず、先生はもともと長野のご出身でいらっしゃるのですか。

**田中**　出身は奈良です。奈良県で生まれ育ち、結婚と出産を機に、妻の故郷である長野に移住してきました。移ってもう10年になるでしょうか。盆暮れ正月に来るたびに良いところだなと思っていて、ここで子育てできたらという思いで来ました。

——長野に移住される前も、小学校の先生をなさっていたのですか。

**田中**　そうです。奈良県で初任から8年、公立学校の教員をしていました。

——その頃の思い出や、印象は何かあるでしょうか。

**田中**　いい思い出はたくさんあります。高学年の担任として子どもたちと学級を作っていく面白さを味わっておられる先輩もいて、素敵だなと思っていました。しかし、私が本当に教師としてのやりがいを実感し始めたのは、長野に来て、しかも伊那小に来てからのことかもしれません。

——最初に教師を目指されたきっかけはありますか。

**田中**　小学校の時の担任の松田先生という女性の先生がとても好きで、その先生への憧れが最初だったかと思います。私は算数が得意だったのですが、大好きな女の子が隣の席になった時に「算数を教えて」と言われて、教えてあげたらすごく嬉しくなって。教えるというのは素敵だなと思って、それから教員への夢を持ちました。

## カルチャーショックの赴任

**――奈良県から伊那小学校に赴任されるまでの経緯を伺えますか。**

**田中**　長野に来て、最初は、木曽町にある、全校児童が70人ほどしかいない上田小学校というところに赴任しました。木造校舎がすごく素敵なところでしたが、私が行って1年で閉校になってしまい、次の年からは隣にある福島小学校に子どもたちと一緒に吸収合併されることになりました。そこで5年間勤め、結局木曽で6年間仕事をさせていただいてから伊那小に来た形です。

実は、私、伊那小の「い」も本当に知らなくて、たまたま家を建てたのが上伊那という土地で、本拠地を置く関係で転勤しただけで、伊那小を希望して来られる方がたくさんおられる中で、私はそういうわけじゃなく……人生いつもたまたまで(笑)。

**――そうなのですね。もともと目指していたというより、偶然入ったところが伊那小だったということで、きっと見える景色がどんどん変わっていくということがあったのではないかと想像します。**

**田中**　伊那小に来て、色々なことが違いすぎて、まさにカルチャーショックでした。最初は、今まで積み上げてきた15年間の教員人生は何だったのだろうと、泣いてしまいましたね、本当に。

羊やヤギを飼っているクラスが、その動物さんたちと散歩している、それが授業だと言われて、「え、何ですか、それ？」と。「そんなことをしている時間があったら、ひらがなとか計算を勉強しなきゃ！」「教科書終わらないよ！」などと言っていたものです。

**――そちらの立場からスタートされたのですね。担任はいつから持たれたのでしょう。**

**田中**　伊那小に来て1年目に1年森組担任になり、いきなり、公開学習指導研究会(2)の授業者をすることになりました。せっかく伊那小に来たからには動物飼育をやりたいなと思っていたら、羊の飼育も1年森組の8月から始まって、怒涛の1年目を過ごさせていただきました。

## 動物飼育の始まり

**――1学期の終わりにはもう、動物飼育に入られるのですね。**

**田中**　そう、私が来た4月の時点で、動物たちがたくさんいる〝ともがき広場〟という場所に羊を飼っているクラスが1クラス、ヤギを飼っているクラスが2クラスありました。1年生で入学してきた森組の子たちは、休み時間になるとそこに行くわけです。教室で授業をしていると、羊やヤギたちが教室のそばの中庭にやってくる。そうするともう授業になりませんね。もうみんな飛び出して行ってしまって。

怖がる子もいれば、「ヤギさんのところに行きたい」と撫でに行く子もいるし、先輩がヤギのうんちを拾っている姿を見て一緒に拾う子もいるし、草をあげる子もいて、私も動物飼育をいずれやりたいなと思っていたので、そうやって動物に食いつく子たちの

(2)　伊那小学校では、総合学習・総合活動の実践成果報告を公開で行っており、令和5年時点で44回にのぼる。例年2月に開催され、開催当日は授業の参観や研究発表、アドバイザーの研究者を交えたシンポジウムなどが行われている。

姿を見て、ちょっとニヤリとしていました。

子どもたちも「動物を飼いたい」と言うので、6月には「どんな動物がいいかなあ?」と話し始めました。ウサギ、ヤギ、羊、馬など、本当に色々な動物が候補に出てきました。

伊那小の近くのグリーンファームというところからヤギをお借りしているクラスもあったので、私としては、できたらすでに先輩たちがいる羊やヤギ辺りがいいなと思っていましたが、クラスの子たちが羊がいい、ヤギがいいと言い争うようなことになりました。私にもどちらがいいかわかりませんでしたが、先輩の飼育しているクラスの羊さんの毛を触ってみると、毛で色々できそうだし、ふわふわで気持ちがいいなと思いました。

羊を借りられるところがないか調べて、信州新町というところまで行ってみたところ、そこで出会った方に、佐久市に土屋五郎さんという方がいると紹介していただき、そこからまた佐久に行きました。その土屋さんというのが、本当に素敵な方でした。伊那小最初の1年目で動物を飼育しながら勉強していきたいという私の思いに「よしっ」と言ってくださって、0歳のコリデールという種類のメスをお借りできることになり、8月に子どもたちと迎え入れました。

**――すると、羊でいこう、という田中先生の強いご意向もあって、みんなの意見をまとめていったところもあったのですね。**

**田中**　多少そういうところもありました。ヤギか羊か決めかねている頃は、先輩のクラスの羊さんを触っただけだったので、隣町の牧場に羊がいることがわかり、6月か7月の暑い日に、子どもたちとみんなでバスに乗って会いに行きました。それはそれはかわいかったのですが、梅雨明けの暑い中、羊の毛を触ろうという子はあまりいなくて……。私が触ってみたら、手が真っ黒になるぐらいにぎとぎとの羊の脂が付きました。

**――脂があるんですね、羊は。**

**田中**　そう、お風呂なんて入らないので、なかなかすごいのです。牧場の方がその場ではさみで毛を刈ってくださって、「お土産に持たせてやるよ」と。子どもたちは喜び反面、手が汚れる……という微妙な空気で毛を持ち帰りました。

持ち帰ったのはよいものの、汚れているし、子どもたちの食いつきはあまりよくありませんでしたが、一人の女の子が、「先生、これ家に持って帰って洗ってもいいかな」と言ったのです。おうちの人と家でその羊の毛を洗って学校に持ってきてくれました。するとその毛がきれいで、ふわふわで、いい匂い。これには私も感動してしまって、1年生のクラスの子たちも「わっすごい！」と歓声を上げました。みんなで毛の気持ち良さを味わって、もうそこで「羊、飼いたい」となりましたね。動物は話し合いでは決まらないよと先輩の先生方に再三言われていたので、そこは私も苦しかったのですが、その毛の気持ち良さを味わった子たちが、羊を飼おうと決めだす、という物語になっていきました。

## ひいちゃんとの3年間

**――実際ふわふわの毛に触って初めて、子どもたちから羊を飼いたいという声が出たの**

**ですね。そこでお迎えした羊さんと子どもたちは、その後どうなったのですか。**

**田中**　1年森組の子たちは、羊に〝ひいちゃん〟という名前を付けて、それからひいちゃんと1年間暮らすうちに、先輩のクラスで出産や赤ちゃんヤギなどを見ていたので、「ひいちゃんも赤ちゃんが産めるのかな」と言い始めました。

牧場主にお手紙を書いて、「結婚したら産まれるよ」と教えていただき、ぜひ雄の羊さんと結婚させたいと、2年森組の夏に雄の羊を迎え入れました。2頭で暮らし始めて、2年の秋にはうまく交尾した様子でしたが、結局赤ちゃんがいるのかわからないまま3年の春になりました。そして、4月1日に世話に来ていた子たちが「ひいちゃんの様子がおかしい」と言って、そこで、赤ちゃんが生まれたのです。こうして、3年森組で3頭の羊たちと暮らし始めることになりました。

3年の終わる時にコロナが始まり、ちょうどお別れするかしないかという時に全国で一斉に学校閉鎖になることが決まりました。なんとか学校閉鎖の前に羊たちとお別

ひいちゃんと過ごした日々

れできて、いったんそれで3年森組の物語は終わります。伊那小は3年スパンの総合学習で、3年から4年でクラス替えがあるわけです。

クラス替えして、私はそのまま持ち上がりで4年山組の担任になりました。3クラス編成なので、元森組の子たちが3分の1いる。今、5年山組も終わって、この4月から6年山組。だから、あの子たちは今6年になろうとしています。

**——では先生の伊那小での歴史も、ちょうど6年目に入ることになりますね。そして後半、3年の終わりから今に至るまでは、コロナ禍ということですよね。コロナ対策と総合学習をどう両立させるのか、すごく難しそうですね。ご苦労があったのではありませんか。**

**田中** 長野県は独自の感染警戒レベルを1～6まで設定していて[3]、感染者の増加によってレベル5になったら調理活動を控えます。今うちの山組は、総合活動で石窯パン作りをやっていますが、レベル5になった途端、調理ができない、パンが焼けないというのが、この2年は年間2、3回ありました。

**——やはり、総合活動は、登校してみんなで集まらないと始まらないものでしょうか。**

**田中** そうですね、伊那小ではオンラインでの授業では本当に何もできませんね。オンラインだったのは、4年になった最初の学校閉鎖の間だけでした。

## 教えるより待つ

**——今までの5年間を振り返られる中で、先生の子ども観や教育観が変化していったよ**

(3)
2023年5月8日からの新型コロナウイルス感染症の5類移行に伴い、圏域ごとの「感染警戒レベル」は廃止された。

**うなところはありますか。**

**田中**　まず子ども観ですね。伊那小では、最初に〝子どもは未完の姿で完結している〟という話を聞くわけです。「ああでなければならない、こうでなければならないと子どもを見るとき……」という詩[4]があるのですが、あの詩を見た時にもう天と地がひっくり返るぐらいの気持ちになりました。あれがやはり根幹にありますね。

**——その詩に象徴される校風のようなもの、学校の中で流れている空気感、共有されている世界観に初めて触れられたわけですね。**

**田中**　そう。通常の公立学校に比べて職員会議も最低限に絞り込まれていて、その代わり研究会にすごくたくさんの時間を費やしているのが、伊那小ならではのところです。職員室には誰もおらず、先生たちは学年室という2学年ごとの部屋に机を構えて、日々子どもたちの姿を語り合ったり、指導案の検討をしたり、紀要の執筆をしたりします。そういう空間で365日、研究、研究、研究漬けなので、ここで教員が育たないわけがないというぐらいの環境が整っています。そういう状況に合わない先生も中にはおられますが、私はドンピシャではまりました。まだまだ勉強不足ですが、本当にここに来られて良かったなと思います。

そんな中で、子どもというのは教え込まないといけないものとずっと思っていたところが、子どもが学ぶとはこういうことなのかなというのが少しずつわかり始めている気がします。今でも自分の中で問いとしてありますが、教えるだけではなく、コーチングの要素もとても大事だな、などと、色々感じるところがありました。

（4）元伊那小学校教員の大槻武治先生による詩。「ああでなければならない／こうでなければならないと／いろいろに思いをめぐらしながら子どもを見るとき／子どもは実に不完全なものであり／鍛えて一人前にしなければならないもののようである。／いろいろなとらわれを棄て／柔らかな心で子どもをよく見るとき／そのしぐさのひとつひとつが実におもしろく／はじける生命のあかしとして目に映ってくる。／「生きたい、生きたい」と言い／「伸びたい、伸びたい」と全身で言いながら／子どもは今そこに未完の姿で完結している。」

**――コーチングの要素というところについて、もう少しお聞かせいただけますか。**

**田中**　教員にはティーチング、教える要素も大事ですが、今の時代を生きる子たちには、**その子の持っているものを引き出すような関わり**がすごく大事だなと思っています。伊那小の総合をやっていても、その子が何を願っているのか、どんな思いでいるのか、どんな問いを持って今のことに向き合っているのか、(5) そういうことをこちらが感じ取って、次にどんな活動が生まれていくだろうということを考えて授業を構想していく。そこでコーチング的な力が必要になると思うのです。

**――こちらから投げかけるというより、子どもの中から出てくるものを待つということでしょうか。**

**田中**　そうですね。「待つことが最大の支援だ」と教えてもらいました。本当に気を付けないと、自分の構想したシナリオに子どもを乗っけようとするような授業をやってしまうのですね。子どもたちの思いや願いが出発点となって、それでどんな活動ができて、そこにどんな学びの価値があって、ということを年間計画で作る。それは作っておきつつ、実際には子どもの求めや願いが違っていくこともありますし、そうなると修正を加えていかないといけないわけです。

船の船長として、「面舵いっぱい！」という瞬間もあることはありますが、やはり子どもたちの中に入って、心を開いて話を聞いたり、一緒になってパンが焼ける喜びを味わったり、「どうしてこのパンは焦げちゃうんだろう?」と考えたり、そうやって子どもたちと一緒に追究していると、子どもたちもやはり自然な言葉を言ってくれるんです

(5)
取材時、子どもたちは巧みにｉｐａｄを使いこなし、クックパッドでレシピを調べたり、ｗｅｂ検索をしたり、撮影機能を駆使したりして問いを深めていた。

よね。「先生、なんでだろうね？(6)こうなってると思うんだけど」と話してくれます。そういう関係性を作ることがやはりすごく大事だなと思います。それを作れたら、授業以外の場面でもとてもいい関係でいられれます。

――一方で先生として指導案を作ったり、年間計画を立てたりしながら、一方では待って、子どもの中に入って一緒に味わう。これを同時にしなければいけないのは難しそうだなと感じます。先生とは、クラスにとって何なのでしょう。やはり船長さんなのでしょうか。

**田中**　そうですね、難しいですね。授業をしていても、今日の授業は子どもたちと一緒に味わいたいと思う時もあれば、今日は子どもの意識を探りたいから一歩引いてみようかなという時もある。だからその授業の内容や、タイミングや、その時々によって立ち位置が変わっている感じがします。船長をしている時もあれば、一乗組員として舵を切っている時もあれば、見ているだけの時もある。色々な立場があるなと思いますね。

先生、中まで焼けてるかな？

(6) 後述の通り、パン焼きを始めた当初は失敗の連続で、パンが「生焼け」になってしまう問題に試行錯誤が続いたという。

## 教師同士の意見交換

**――その都度、色々な場所に視点を置いていらっしゃいますね。子どもたちと同じ目線になる時もあれば、俯瞰《ふかん》しているような時もある。そしてさらに、そのような田中先生の取り組みを、同僚の先生方と研究会などで共有して、さらに俯瞰していく。**

**田中**　そうですね。今年度は自分が研究主任で、隣のクラスは若い先生たちなので、私は一番経験者として、どちらかと言えばサポートする側になっています。私の実践に関して他の学年の先生から教えていただいたこともありますが、今年は自分の実践に対して色々言ってくれる方が少なかったので、少し苦しかったように思います。でも令和4年度は、私が長野県の信濃教育会[7]の授業者もさせていただけるので、たくさん教えていただけたらと思っています。

**――ご自分の取り組みに対して色々な方のご意見を聞くというのはどんなお気持ちですか。素直に聞けないようなこともありませんか。**

**田中**　色々言ってもらえる方が幸せだなと思います。言われなくなることの方が怖い。皆、年上には言いづらくなりますよね。私も、だんだん歳が上の方になってきています。今（2022年）、私は42歳で、学年室で2番目に年長。年下が多いのです。

**――井藤さん、苫野さんは、ちょうど田中先生と同い年ですね！　ここからはぜひお二人からご質問をお願いいたします。**

(7)　公益社団法人信濃教育会。1886年に設立された、長野県の教職員等で組織する自主的職能団体。「子どもの健やかな成長」を目的に、「子ども中心の教育」の実現に向けた取り組みを行っている。

## 麻の中のヨモギ

**苫野**　私が初めて田中先生のクラスに行かせていただいたのは、2018年のことでした。その時子どもたちは、ちょうど断尾したばかりだった羊の「愛ちゃん」のしっぽをどうするかについて、議論をしていました。あの時、田中先生は、特に口をはさまずに、子どもたちのやりとりに耳を傾けていました。子どもたちが自分の言葉で語り、そしてお互いの言葉をじっくり聞き合う姿勢が、とても印象的でした。

今年度は、先ほどおっしゃった信濃教育会の全県研究大会(8)で共同研究者を務めさせていただくことになり、6年生の石窯パン作りの総合活動と、そこにおける田中先生の実践の姿から、本当に多くを学ばせていただいています。

さて、まずお聞きしたいのは、教員同士が学年室で子どもたちの姿を語るという先程のお話についてです。伊那小には、普段からそうやってみんなで対話をする文化が根付いているわけですが、この文化の詳細についてお聞かせいただけますか。

**田中**　伊那小では、2月の公開指導研究会に向けて、4月から本当に研究会づくしです。4月の下旬に研究主任の授業公開があり、5～10月までに7本の校内研究会をして、授業や指導案づくりを見合います。その7回の研究会に、各学年の講師の先生方がご指導に来てくださいます。信州大学の先生や元伊那小の先生など、その助言者の先生方が本当にすごい。すごいとしか言いようがないのです。

私は、安積順子先生という元伊那小の職員で研究主任をされていた、とてもパワフルな先生にご指導を受けました。安積先生の言葉と子どもへの眼差しも今の私の中に生き

(8)
「子ども自らが、心ゆくまで探究する」を授業観として、授業者と研究者が協働して研究・実践を深め、その成果を公開する研究大会。毎年、学校や個人の応募や推薦によって公開校が決まり、開催されている。

ています。そういう先生に授業を見ていただき、ご指導を受けて、話ができる。さらにそれ以外にも、自分たちで唐木順三先生の本を読み合わせる会もしているので、自分の心と向き合わざるをえないような機会が年間何回もありますし、研究会も多くあります。

　自分のクラスだけやっていたらいいというような雰囲気は全くなく、6年の先生が1年のクラスの総合学習についてすごく知っているというように、関わりが密なのです。「あそこのクラス、今、活動があんまり転がってないけど、子どもの意識はどうなってんだい?」などといった会話が365日あるので、先生たちも自然と〝麻の中のヨモギ(9)〟のように、ぎゅうっと同じ方向に向いて育つんだよとおっしゃった先生もおられる。そういう伊那小の環境に、私はただ馴染んでいっただけなのだと思います。

## 対話の文化を作る

**苫野**　何十年もかけて、伊那小はそんな文化を作ってきたのですね。

**田中**　そうですね。伊那小がずっと脈々と続いているのも、最初を作ってくださった、たくさんのOBさんたちのおかげというのがあると思います。これはなかなか普通の学校ではできないことです。そして、チャイムもない、通知票もない(10)、動物をすでにこれだけ飼っていて、動物の先輩がいるからこそ、自分たちも動物飼ってみようかなと思えるこの環境。また、地域、保護者の理解、これも大きいですね。

**苫野**　もし、他の学校でも実践していけるところがあるとしたら、長い伝統というのはな

(9) 人は善良な人と交われば、自然に感化されて自らも善人になっていくことの例え。出典は『荀子』。

(10) 伊那小には1956年から通知表がない。チャイムも、子どもたちが夢中になって活動に没頭することを妨げてしまうことになるとの考えから、使われなくなった。

かなか真似できないとしても、やはり先生同士の研究・研鑽の場がしっかりあって、それを支えてくれる方たちがいて、学年室などでひたすら対話が起こる、この辺りは外せないポイントだと思います。そういうのを他の学校でも作っていこうよ、と私はずっと言っているのですが、ごく一般的な公立学校も経験された田中先生からするといかがですか。

**田中**　働き方改革が叫ばれている中、新たな取り組みを取り入れるのは難しいかもしれません。でも、私たち教職員の成長なくして、子どものより良い育ちはないと思うと、**研究・研鑽の場にどれだけ自分事としてのめり込めるか**は大事だと思います。同僚との関係性を構築して、みんなでやっていこうぜ！[11]という雰囲気を作る、これは伊那小を去った後に私自身が頑張りたいところでもあります。大きいことを言ってしまいましたが。

**苫野**　おっしゃる通りですね。「これ教科書終わらないじゃないですか」と言っていた頃の昔の自分に、今ならなんておっしゃるでしょう。

**田中**　すごい質問ですね(笑)。「いいよ、終わんなくて」と言うでしょうか。「それよりも大事なものがいっぱいあるぜ」「子どもたちの目の輝きを見てごらん」と。

## 伊那小マインドのシャワー

**井藤**　今のお話を伺っていて思ったのですが、田中先生が30代でこの伊那小に出合ったことはかなり大きいのではないでしょうか。つまり40代、50代と年齢が上がっていって、ある程度教育観や子ども観が固まってきてしまうと、[12]パラダイムを180度転換してい

(11)　伊那小学校の廊下には総合学習の学びの記録が壁一面に貼られており、各学年、各クラスの学びのプロセスが誰にでもわかる形でシェアされている。

(12)　伊那小の教壇に立つ上で、一般的な教育の考え方や方法に慣れ親しんだ者には、アンラーン（unlearn）が必要になると言える。新たな価値観を受け入れる柔軟性が求められるのである。アンラーンについては、西平直『稽古の思想』（春秋社、2019年）を参照。

くのはだんだん難しくなっていく感じがして。

**田中**　そういうところもあるし、逆に40代後半、50代からでも馴染む方もいたり、伊那小に初任で来て、苦しんで出ていく方もいたり。伊那小には豊かな子ども観、教育観がありますが、それだけでいいわけではありません。公立学校として、各教科の確実な指導力も求められる。教材研究をする時間がなかなかない中で、通常の算数の学習などもしないといけない。そこの苦しみはあると思います。低学年では総合学習でほぼ教科書をカバーできますが、高学年は苦しいなというのは、実際やってみて感じたところです。教科の学習を関連づけて展開できた単元もある一方で、本当にさらりと学習プリントをやって終わったところもあります。

**井藤**　田中先生の場合は、30代後半までしっかりティーチングの訓練を経ているからこそ、その後の総合学習への移行が深みを持ってくるのではないかと感じました。最初から引き出す、というところだけをやっていてもなかなか難しい面もあるように思うのです。その辺りいかがでしょうか。

**田中**　やはりそうですね。若い頃に教えていただいたティーチングの面は今でも確実に生きているし、その面も大事だなと感じます。子どもたちが学習問題に出合って、そこから課題がすわって追究していく、という一連の流れの中でもそれが生きてくるので、私の場合、奈良県も含めたこれまでの経験がここで生かされていると思いますね。

**井藤**　教員人生のどのタイミングで伊那小学校に来るかによっても、意味合いは全然変わってきそうですね。先生が最初に来られた時は、まったくイロハもわからない状況で、いきなり1年生の総合学習の組み立てをしなければならなかったわけですよね。例えばメンターがつくなどということもなく、本当にいきなり放り込まれるという状況だったのでしょうか。

**田中**　はい、そうです。

**井藤**　特に1年生は学びの土台づくりを行う一番大事な時期だと思いますが、そこで伊那小学校のマインドがまだ十分にインストールされてない状態で1年間のカリキュラムを組んで、子どもたちと関わって、というのはなかなか大変ですよね。完全にティーチングのマインドである中で、どうやってその組み替えが行われたのかというのが気になります。

**田中**　先ほどの話とも重なりますが、伊那小は4月から総合の研究会がスタートするので、そこから伊那小マインドがどんどんシャワーのように浴びせられます。私は最初、みんなが何を言っているのかまったくわからず、宇宙語にしか聞こえませんでした。授業もどうやったらいいかわからないけれど、**とりあえずそこに居続ける**。私が初めて校内研究授業をしたのが10月上旬で、そこで羊さんと散歩をする授業をしたのですが、そこを乗り越えたのが大きかったかなと思いますね。「ああ、こういうことか」と、その時に少し吹っ切れたというか。なぜ自分は今伊那小にいるのだろうと問い続けていたので、どこか腑に落ちるような感覚があったのです。

**井藤**　そういう伊那小シャワーの中にいると、他の先生方とも自然に教育観が共有されていくものなのでしょうか。先生方の議論が成立するためには、やはりベースとなる伊那小の思想が共有されていないと難しいですよね。ベースとなる価値観が一致しているからこそ、生産的かつ創造的な対話が繰り広げられるのではないでしょうか。

**田中**　私の1年目はたくさん色々言われて、いや、違うでしょうって、首を横に振り続けていました。違うということすら言えないこともありましたし。でもなんとなく言われていることはわかるし、子どもたちが生き生きする姿というものもわかってきて、「あっ私が追い求めていた教育観というのはこれなのかな」という気がしてきました。奈良の時のすごい先輩も、こんなふうに子どもたちとの暮らしを作るということをしていたのだな、とそこでピンとつながったのもあったのかもしれません。

――伊那小の思想を浴びる中で、別の考えが備わったというだけでなく、田中先生の元々の価値観や経験の組み替えが起こって、全く新しいものとして統合されたことが伝わってきます。まさにこの本のコンセプトである、教育観が揺さぶられ、磨かれていく体験だったのだろうなと思いました。ありがとうございます。

## 伊那小学校の実践で感じること

――それでは、ここからは取材で私たちが感じたことを通して、日々の教育実践に対する先生のお考えを伺っていきたいと思います。石窯パン作りの学びを中心に見せていただきましたが、まずどのようにこの材[13]が選ばれたかの経緯から、田中先生にお話しいただ

(13) 伊那小では授業の題材を「材」と呼んでいる（伊那市立伊那小学校『共に学び共に生きる②――伊那小教師の物語』、信州教育出版社、2012年、210頁）。

だいてもよろしいでしょうか。

**田中**　クラス替えしたばかりの4年のスタートは、全国一斉の休校(14)でした。オンライン学習を経て学校再開した時に、やはりみんな「新しい仲間と遊びたい」と言って、近くにある自然の豊かな林に行って、そこで木の実を拾ったり、鬼ごっこをしたり、斜面を駆け巡ったりという遊びをひたすらやっていました。何か活動が立ち上がるかなと思っていた矢先、梅雨が明けた7月、自然が豊かすぎて蚊が大量発生して、子どもたちも私も林にほとんど行かなくなりまして……。2学期が始まったところで、いよいよ子どもたちも「総合活動何するの？」と言い出しました。そこで本当に色々な意見が出てきた中に、「ケバブを作りたい」というのがありました。そして、図書館で調べて、ケバブっていうのはトルコ料理なんだとか、トルコってどこにあるんだとか、薄いパンを焼いてお肉を挟んで食べるんだとかいうことを知って、「作ってみたい」となったわけです。

私も、家で1回ピタパンというのを焼いて、ケバブを作って食べてみたら面白かったのです。強力粉にイースト菌を混ぜて発酵させて、平べったいパンをフライパンで焼いて、お肉とか野菜とか包んで食べる。それがすごくおいしくて、「あ、これ子どもたち、楽しそうにやるだろうな」と思いました。そこで、子どもたちと作ったら本当に楽しかったですね。

そこで子どもたちが出合ったのは、小麦粉とぬるま湯とイースト菌を混ぜると、生地が餅みたいに伸びた、という、その気持ち良さですね。柔らかさと、伸びるのと、おいしさと。それが始まりでした。

(14)　2020年2月27日、新型コロナウィルスの拡大を受けて、安倍晋三首相（当時）の要請で始まった全国一斉休校。休校期間は3月から最長で約3カ月に及んだ。

それからは、子どもたちから次々に、ジャムを挟みたいとか、カレーを包みたいとか色々なアイデアが出てきました。そのうち、パンの生地でカレーを包んでカレーパンにした子たちが、フライパンでいい感じに焼き色がつくのに、中の方まで焼けなくて生だったということがありました。何回も何回も焼き直しするけど生だったのです。隣の班はあんパンを作っていましたが、それも生。そんな中、図書館に行った子が石窯の本を見つけたのです。「先生、これだったら中まで焼けるんじゃない?」と。

私も見てみたら、様々なタイプの石窯がある中で、耐火煉瓦という、煉瓦を積むだけで石窯ができるという作り方を見つけ、これだったら子どもたちも手軽にできそうだなと思ったわけです。私も家で薪ストーブをやっていたものですから、火を起こす楽しさを知っていて、そこでパンを焼いたらどんなふうになるだろうとわくわくしてしまいました。

4年の終わりに、愛知県瀬戸市から本物の耐火煉瓦を600個取り寄せて、5年の最初にいよいよ煉瓦で石窯を作りました。1個あたり3・4キロほどある耐火煉瓦を、子どもたちは大事に持って積み上げていきました。立方体に積むだけだったので、1時間もかからずできましたね(笑)。6つのグループに分かれ、グループごとに1個ずつ、計6個の石窯で活動が始まりました。

### 学級の雰囲気

——ありがとうございます。それから1年少しで、子どもたちは石窯をすっかりものにしていました。実際に生き生きとパンを焼く子どもたちの様子を見て、井藤さん、苫野さんはどのような感想を持たれたでしょうか。

**井藤**　取材では、子どもたちの熱気を目の当たりにさせていただきました。後日、学級通信(15)を送っていただいて、2学期から転入してこられたばかりのお子さんがいらしたのだと知って驚きました。その子以外にも、先生のクラスには転入生が複数おられるのですよね。前の学校では絶対あんなことはやってきていないはずなのに、違和感なく溶け込んでいたというのがすごいなと思いました。その辺りについて教えていただけますか。

**田中**　5年生の最初に1人、2学期に1人、6年の2学期に1人入ってきて、みんな男の子でしたが、3人とも本当にすぐ馴染んでいました。その子の持っている力もあったでしょうし、学級の雰囲気がまあまあ良かったというのもあると思います。今回の場合は、クラスのある男の子が転入生を誘ってくれたりして、そういう温かいものがあるというのも大きいですね。

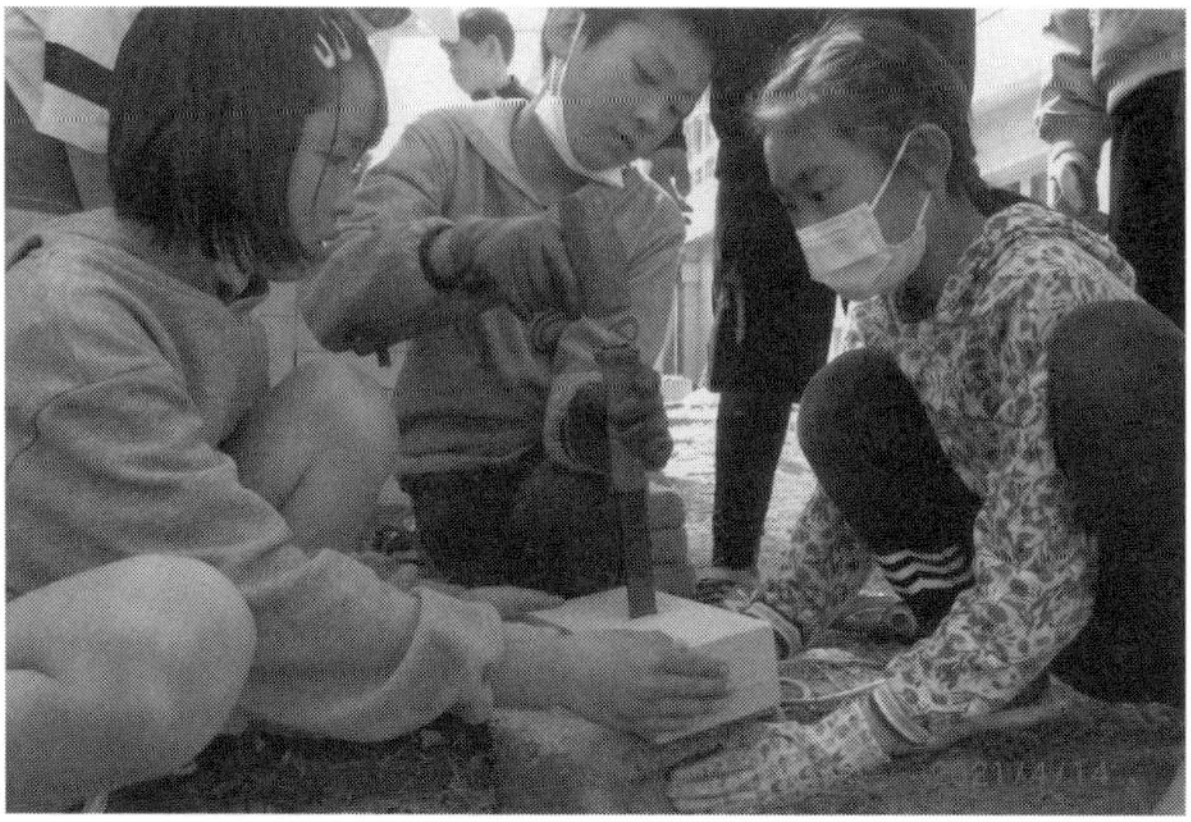

耐火煉瓦、真っ二つに割れるかな

**井藤**　今までに、外から来て、やり方に馴染めないというお子さんはいませんでしたか。

(15) 田中先生のクラスの学級通信は、多い時にはA4で30頁にも及ぶ。子どもたちの様子が生き生きと描き出され、写真がふんだんに掲載された読み応えのある内容となっている。

**田中**　独特なことをやっている伊那小ですが、元からいる子でも馴染みにくい子はいますよね。「○○ちゃんとはパンを作りたくない」とか、それで最近も女の子が色々悩んでいます。転入生以外のところでも生きづらさを感じている子はクラスにいます。

**苫野**　ある意味、それは当然のことですよね。総合活動を協働してやるわけですから、人間関係で色々あるのはなおさらです。でも、だからこそ、関係の築き方や修復の仕方をより学んでいけるというところはありますよね。

**田中**　ありますね。先日も、4人の女の子で揉めていて、先生困りましたと相談に来たのです。分裂した感じだったので、これはもうとことん対話で解決するしかないと思い、一人ひとりの思いを吐き出してもらった後に、「さあどうしますか」と投げかけました。私は対話の環境、場を設定しただけです。すると別の女の子がアイデアを出してくれて、その時にみんなの表情がぱっと明るくなったのです。「あっそれだったらいいよ」という感じになって、まさに**対話の中で解決の道を作り出した**なと思いました。

## ジェネレーターとしての教師

**苫野**　先ほど「活動が立ち上がるかな」という言い方をされましたよね。その瞬間に対して、田中先生はどんなふうに関わるように意識されていますか。

**田中**　材の立ち上げというのは、本当に皆が苦労するところで、私も苦労しました。**子どもたちの姿と、その材の持つ価値、その二つからどんな活動ができそうか**を考えて紙に書いていく。これは全クラスの教師が作っています。その材が持つ価値や、こんな学び、活動の広がりがあるのではないかということを、子どもの姿、言葉、思い、願いを教師なりに感じて書いていくのです。それがやはり、年間計画の礎になっています。

**井藤**　そういう教師の姿勢が、クラスの思いを促進していくところもあるのでしょうか。学級通信に書かれていた、Aさんのご両親の結婚式のウェディングパンのエピソード(16)には、そう感じられるところがありました。あれは、どのような形で、全員でやることに決まっていったのでしょうか。

**田中**　あの時は、まず私のところに保護者の方から連絡があって、これはすごい話が舞い込んできたぞ、絶対クラスでやりたいなと思ったのですが、はじめAさんがクラスの前で話したら、多分状況を理解するのに必死だった子もいたのだとは思いますが、思ったよりも反応が薄いように感じました。話し合いを繰り返す中で、ようやく子どもたちの中で現実味を帯びていったところもあったのですが、あまり乗り気ではないように見えるクールな子たちもいて、いまいち盛り上がりに欠けるなと私は感じてしまったのです。そこで、思わず熱く出てしまいましたね。「俺たちの仲間の大切な人の結婚式に、俺たちのパンを出してくれという依頼があったっていうことをみんなはどう捉えているんだい」と。それが良かったのかはわかりませんが、どんなパンを焼こうかというように話が深まって、パンの種類が決まり出した辺りから、子どもたちの気持ちがぐぐっと上がってきたような感じもありました。

**苫野**　田中先生が、ある時点では熱さを出したわけですよね。子どもたちのボルテージが少しずつ上がっていく。そういう時は、場合によっては**先生側からのきっかけ**もとても

(16)
山組の学級通信によると、2022年の9月、ある児童が「私の両親が結婚式をあげることになったので、そこで結婚式の食事に出すパンを山組のみんなに作ってもらいたいと思うので、協力してください」と呼びかけた。その呼びかけに賛同した子どもたちは、「焼きたてのパンを届けたい」との思いで話し合いを重ね、結婚式にパンを届けた。

大事ですよね。慶應義塾大学の井庭崇さんが、「ジェネレーター[17]」という概念を出されています。最近はよくファシリテーターとしての教師という言い方がされますが、ファシリテーターがあまり表に出ないで、あくまでも参加者たちから内発的に出てくるのをコーディネートするというイメージであるのに対して、ジェネレーターとしての教師は、文字どおりジェネレートしていく、つまり生成していく、**相互触発を通して共に学びを生成していく**。

子どもたちだけで行ききらないところに、そういうちょっとしたきっかけのようなものも必要で、多分田中先生はいつもそのタイミングを、意識的にも無意識的にも考えられているのではないかなという感じがしています。

**田中**　ありがとうございます。でも、その教師の「出」というのは本当に紙一重だと思うところがありますね。やはり先生というポジションは強いですから、教師の気持ちに従わないとというような雰囲気になってしまうとまずいと思いつつも、それでも今回は大切な仲間の大切な人へのパン作りというところに価値があると思ったので、「君たちが今のめり込もうとしているのには、そういう価値があるぞ」という、リボイス[18]のような、そういう例としてはまあまあ悪くはなかったかなと思います。

本当は私、「パワーコントロールリスト」なのです、昔から。奈良にいた時は、自分の思うがままに子どもを動かす教師だった。今もそれから抜け切れないところがあって、自分で闘っていることでもあるのです。

学校生活でコントロールすべてを手放すことは無理で、どうしても色々な予定がある

(17) 市川力・井庭崇『ジェネレーター 学びと活動の生成』（学事出版、2022年）で提唱された概念で、創造的な学びを実現するため、活動の内側に入り、共に創造していく人のことを指す。

(18) 子どもの活動に対して教師が返す言葉のこと。例えば、大根を育てている子どもが教師に対して「先生、こんなに大きな大根がとれたよ！」と呼びかけた際、「本当だね！大きいね」と返すだけでは不十分。子どものやってきたことを見て感じて受け止め、「あんなに小さなタネだった大根が、こんなに大きくなったんだね！」と、植物の育ちを味わっている子どもの気持ちに寄り添った言葉がけをすることが大事だと、伊那小では考えられている。

ので、そういう最低限のコントロールは仕方がないかなとは思っていました。でも、授業を作る時も、総合をやる時も、色々な選択肢をこちらが用意したり提案したりはしますが、**決定権は子どもにある**、というのは気を付けているところです。

**苫野**　長いスパンで見るということも、一つのポイントかなと思います。伊那小だと、3年間、場合によっては6年間一緒に学び合っていける。その過程では、教師が思い切り出る時もあれば、ジェネレートしていく時もあり、また教師の存在に関係なく、子どもたちが自ら活動に没頭していく時期もある。そのような様々な学びのあり方を経験できるというのが、伊那小の一つの魅力かなと感じています。子どもたちにとっても、先生方にとっても。

**田中**　やはり**教師もクラスの仲間**として、子どもたちと一緒にこういうことを味わいたいとか、こういうクラスにしてこういう日々を暮らしたいとか願う一員であるというスタンスでありたいなとは思いますね。

## 材の力

**井藤**　パン作りの活動を始める際に、結婚式の話が舞い降りてくるなんて当然予想していないわけですよね。そのような偶然を呼び込む力が材にはあると考えていいのでしょうか。良い材と悪い材があるのか、引きの良い材とそうでない材があるのか。材というのは、どんなものでも、子どもたちから内発的に出てきたものである限り、ミラクルを呼び込む力を持つのか。その辺りのお考えをお聞かせいただけたら嬉しいです。

**田中**　今回のミラクルは、まずAさんが本当にパン作りにはまり込んでいた。その姿を家族が感じておられたし、パン焼きのたびに残ったパンや家族のために作ったパンを彼女が持ち帰って、家族に「おいしいね」と味わってもらっていた。そういういきさつがありましたし、Aさんとはまた実は他にもありました。

6年の5月のある日、Aさんがどうしても学校へ行きたくないという日があって、朝、お母さんから電話がかかってきたのです。

パンを仕上げる真剣な眼差し

その日は、レーズン酵母で初めてパンを焼いて食べてもらう授業をやりたいと思っていた日でした。お母さんに電話をスピーカーにしていただいて、「せめてパンを食べに来てほしい！　どうしても無理なら、焼き立てじゃないけど今日の夕方届けるから」と電話の向こうのAさんに呼びかけて電話を切りました。結局、Aさんは少し遅刻したものの登校して、一緒にパンを味わってくれたのです。その私の関わりをお母さんはすごく喜んでくださって、そういう物語があったのもお母さんの中では大きくて、それが今回のウエディングパンのミラクルにもつながったのかなと。私の勝手な自負ですが。

**井藤**　ミラクルといっても、急に出てくるものではなくて、その布石として、そういう関わりの流れがあってのものだったというわけですよね。

**田中**　ありがとうございます。そうじゃないかなと私は思っています。

材については、伊那小の先生方も皆、その材の持つ価値は何かということを、本当に一生懸命検討し合っています。その材の魅力を教師がどう捉えているか。その材の持つ価値、広がりはどんなものか、材によっては狭いものもあるし、広がるものもあります。**先生が子どもたちとどういうことをしながら何を味わいたいか、という世界観そのものが大きい**なと思います。

このパンという材も、4年の時に「先生、小麦から育ててみたい」と言った子もいて、面白いし、やってみたい、でも時間がないと思って、その子の願いは結局取り上げない選択になりました。どちらかと言ったらパン焼きに集中したかったので、あれもこれも取ってしまうと時間が絶対にないし、どっちつかずになってしまう。時間配分や、その材の価値を、トータルで考えてやっています。

**苫野**　最初にみんなで時間をかけて、何をやっていくか決める。それがだいたい決まってくると、先生もその材について勉強しますよね。そうやって勉強しながら、初期の段階で、こんな学びが広がっていきそうだという見通しを立てるのでしょうか。ある程度最初に見通しがないとゴーサインが出せないと思いますが、その辺りはどういう加減なのでしょうか。

**田中**　そこも先生方でそれぞれというところはありますが、私に限って言うと、やはりこうなっていきそうだなという**見通しが持てることで年間計画も作れる**と感じます。でも、4年の最初にケバブを作ろうとなった時は、自分で最初に少し作ってみて、面白そうだな、というわくわくがあっただけで、見通しはそこまでありませんでした。子どもたちとやりながら、ちょっと先、ちょっと先が見えてきたという感じ。

石窯にしても、パン焼きを実際に5、6回やる中で、フライパンでは中まで焼けないという問題に直面したことで、「おっ、石窯の物語が始まりそうだな」となって。だから一緒にやりながら紡いでいった感じがありますね。

**苫野**　それはほんとにわくわくしますよね。自分も未知の世界に飛び込んでいくから。田中先生にいただいた指導案を、私は学生に度々見せているんです。「こんな指導案、見たことある?」と。「この活動から、子どもたちは次にこんな学びを展開するかな、しないかな、どうかな。そう考えるとわくわくする」なんて書いてある。やはりそういうわくわく感がなかったら、先生も楽しくありませんよね。(19)

**井藤**　わくわくだけで走らせて、あとで尻すぼみになってしまって、材の選択ミスだったということもありうるのでしょうか。

**田中**　私自身、低学年は羊の飼育をやっていましたし、今回はパンなので、自分の中ではすごく楽しい6年間だったと思いますが、実践の中には、難しくなるかもしれないというものはどうしてもありますね。

(19) 筆者らが伊那小を訪れた日、農作業を行なっていたあるクラスでは、農協の方をゲストに呼んで、子どもたちが青空レクチャーを受けていた。担任の先生も食い入るように、農協の方の話を聞いているのが印象的だった。担任の先生もまた、総合学習を心から楽しんでいることが伝わってきた。

## 活動の停滞期

**苫野**　どうしても乗り切らない子どもがたくさんいるな、というのが見えてきたりすると、途中で変えるケースもあるのでしょうか。

**田中**　それはもう潔くいかないと。

**苫野**　3年間という長いスパンの中では、学びがぐっと深まる時期もあれば、停滞する時もありますよね。

**田中**　羊の飼育をやった時も、1頭目に飼った雌の羊がだんだん大きくなってくれる喜びはワアッとありましたが、それだけだと多分苦しいと思います。でも、大きくなってきて、「隣のヤギさんが赤ちゃんを産んだ」というのを目の当たりにしたら、今度は「この羊さんも赤ちゃん産んでほしいな」という願いが生まれて、「じゃ雄の羊さんに来てもらいたい」と、また新たな題材がすわります。雄が来て2頭の生活が始まって、こういうふうに喧嘩するんだというような学びがあり、「交尾したかな?」とか「赤ちゃんができてるのかな?」というところから、赤ちゃんが生まれて大喜びして。

でもある程度大きくなってくると、またヒューンと停滞期みたいなものに入るのです。

**苫野**　停滞期……。

**田中**　停滞期に入ると、子どもたちの世話の様子が極端に変わって、「んっ、どうした?」と感じてしまうこともありました。でもどの活動でも、新たな題材がすわる展開になっていくと子どもたちのモチベーションがヒュイッと上がる。それがないとやっぱり苦しいのかなとも思います。

**苫野** 具体的にはどんなことがあったのでしょうか。

**田中** 羊の赤ちゃんが生まれた時、最初の1週間でピョンピョン跳ねるぐらい歩き回れるようにならないといけないのに、ほふく前進みたいな状態が続き、獣医さんを呼んだら、母羊の母乳が出ていないから栄養失調なのだとわかりました。それから子どもたちは、人工乳を作って人肌の38度という温度計の勉強もしながら温めて、自分たちで授乳して赤ちゃんを育てました。あの時の子どもたちはすごかったです。休みの日はどうするか、哺乳瓶は2つしかない、学校が閉まっているとなったら、哺乳瓶を次の当番さんのおうちまで届けると言い出して哺乳瓶リレーみたいなことが始まり、そこで友達の家を地図に描こうと社会科の勉強が立ち上がったりして、それは本当に面白かったです。そうしたことで赤ちゃんもすくすく育ってくれたのですが、ある程度育ってきたところで安心感のようなものが子どもたちの中に生まれたのかもしれません。それを私は停滞期かなと感じてしまい、私も未熟だったので、子どもたちの中で何が起きているのかわからず、「こんなに羊さんの暮らしが充実してるのに、おまえたち、世話はどうなってんだあっ」と、少し怒ってしまった時がありました。あの時は本当に自分が駄目だったなと思いますね。

**苫野** その発言で状況に変化はあったのでしょうか。

**田中** あの時は結局、私がギャンギャンほえたわりに、子どもたちはそんなに変わる気配がありませんでした。私はよくわからなくて、なんでだろう、なんでだろうとずっと思いつつ、最後まで羊さんたちとの暮らしを楽しみたいと、毎日ひたすら一生懸命に世話をしていました。そのうち秋ぐらいになってくると、いよいよ羊たちの食べる草が生えていないという、また別の問題が勃発したのです。そこでまた子どもたちのテンションがぐっと持ち上がった感じがしました。

**苫野**　**停滞期があっても、問題状況が起こってきた時にまた盛り上がる。**なるほど、面白いな。ジョン・デューイが言う「探究」[20]のプロセスそのものですね。

## モチベーションのばらつき

**井藤**　クラス全体のテンションのバイオリズムもあるとは思いますが、多分モチベーションにもばらつきがあって、モチベーションの高い子とそうでない子がいる時というのも大変なのではないかという気がします。ほとんどの子が取り組めていても、2、3人の子がどうしてもやる気がない、というような時の関わりをどうされているのか、少し気になります。

**田中**　やる気がないと思ってしまうのは、教師の側の問題かもしれないと、今は思います。ウエディングパンの時もそうでした。ほとんど話し合いに参加せずにふらふらしている女の子がいて、やる気がないのかと最初は思ったのですが、今言った羊の経験が私の中にあったので、目の前のパン焼きに夢中になろうとしていないように見えても、やる気がないわけではなくて、そう見えている自分に問題があるのでは、と考え直したのです。

本当はこの子、どのパンを焼きたいのか考えてさまよっているのかもしれないし、女

(20) デューイによれば、私たちの様々な「探究」は次のようなプロセスを行きつ戻りつしながら進められる。一．問題状況への直面、二．問題の所在の発見、三．問題解決のための仮説を立てる、四．仮説を実行する、五．仮説を検証する。

子の人間関係でいざこざがあって入りづらくなっているのかもしれない。そういう子どもの見取りを、私がしっかりしないと駄目だなと思うところがあります。**やる気を教師の尺度で測っては駄目で、そこを信じる**というか、**いかに子どもの今を見取るか、内を探るか**。そこを私はこの伊那小に来て学んだと思います。

**井藤**　取材の時も、ちょっとつまらなそうにしているのかなと思った子が、後で結構熱心にパン焼きに参加していたということがあった[21]ので、ぱっと見ではわからないものがあるというのは感じました。

では、先生のクラスというより、小学校全体で、クラスの活動に入っていけなくて、学校に行きづらくなってしまうようなお子さんはおられないでしょうか。

**田中**　学校に行きづらさを感じて、不登校気味になっている児童は少ないながらいます。ただそれは、活動にのめり込めないから足が遠のいているというより、人間関係やご家庭の環境など、別のところで問題があるのかもしれません。もっとも、その材に本当に熱くのめり込んでいる子もいれば、ある程度までの子もいて、やはり若干の差はあると思います。

**井藤**　活動が華やかで楽しそうなだけに、普通の学校と違うところが目立ちますが、学校に行けなくなる理由というのは、教育内容の魅力とはもう少し違うところにあるものなのでしょうか。

**田中**　そうですね、うちのクラスでも最近、学校にどうしても来られなくて、欠席や遅刻が多かったお子さんもいます。それはその子の性格もあって、友達の言葉にものすごく

**(21)** 火起こしの作業の中で、一人、やる気がなさそうに見える男子児童がいた。終始、窯から距離をとり、積極的に火起こしの作業には参加しようとしない。だが、田中先生を含めて誰も彼に注意をすることはなかった。しかし、しばらくすると、彼は突然スイッチが入ったように作業に参加し、パン焼きに夢中になっていた。外から見ただけではわからない子どもたちの心の動きがあるのであり、その動きが生じるのを待つ姿勢を、教師だけでなく、児童たちの側も備えているようだった。

傷つきやすかったということがありました。

**苫野**　私にとっては、伊那小のまとっている空気感、中にいる時の心地のよさは格別のものです。でもやはりどんな学校もユートピアではない。例えば親が、学校に過剰な期待を寄せていたら、かえって先生や子どもや自分自身を苦しめることにもなりかねません。私自身は、どこか理想の学校を見つけようというよりは、親自身もまた学校づくりの仲間になっていこうと言い続けています。そもそも、教師と保護者は、子どもたちの育ちと学びの頼れる仲間であるべきですしね。そう言えば伊那小は、その点でも、保護者や地域の人たちと一緒に学校づくりをしている感じ[22]が強いですね。

窯を覗いて火を起こす

## 伊那小文化の共有

**井藤**　伊那小の場合は、長年共有されている教育観の土壌があって、それがコロナ禍や新しい課題とどう折り合っていくかというのは重要なテーマになりますよね。世間がどんなに変わっても、やはり揺らがない強固な文化があるのも感じます。

(22) 伊那小の校舎の隅にはゴンドラが何機か並んでおり、その中には大量の空き缶が入れられていた。家庭の協力を得て、空き缶をゴンドラ一杯分ためると7000円で売ることができ、これにより、クラスの運営資金が得られるのだという。

苫野　公立学校なので、田中先生も6年目ですが、教員は何年かごとに異動ですよね。そういうスパンで回っているのに、この文化が続いている。総合学習・活動もですが、一番学ぶべきは、**子ども観を共有しながらの対話の文化がちゃんとインストールされている**ところだと、私は思いますね。多くの学校では、教育観も子ども観も授業観もわりとばらばらです。そうすると、どうしても対立や齟齬が起こってしまう。他方、伊那小では、これまで受け継がれてきた本質的な子ども観を、繰り返し対話を通して共有し、実践を通して確かめ合っている。これがやはり伊那小の肝だと思いますね。

田中　私が、先生方の言葉をシャワーのように浴びながら、何となく「これだ」と思えた時に、自分の中でぎゅうっと成長した感じがありました。今回用意したのですが（自筆の毛筆を見せて）、これは「学習成立の四条件」というものです。

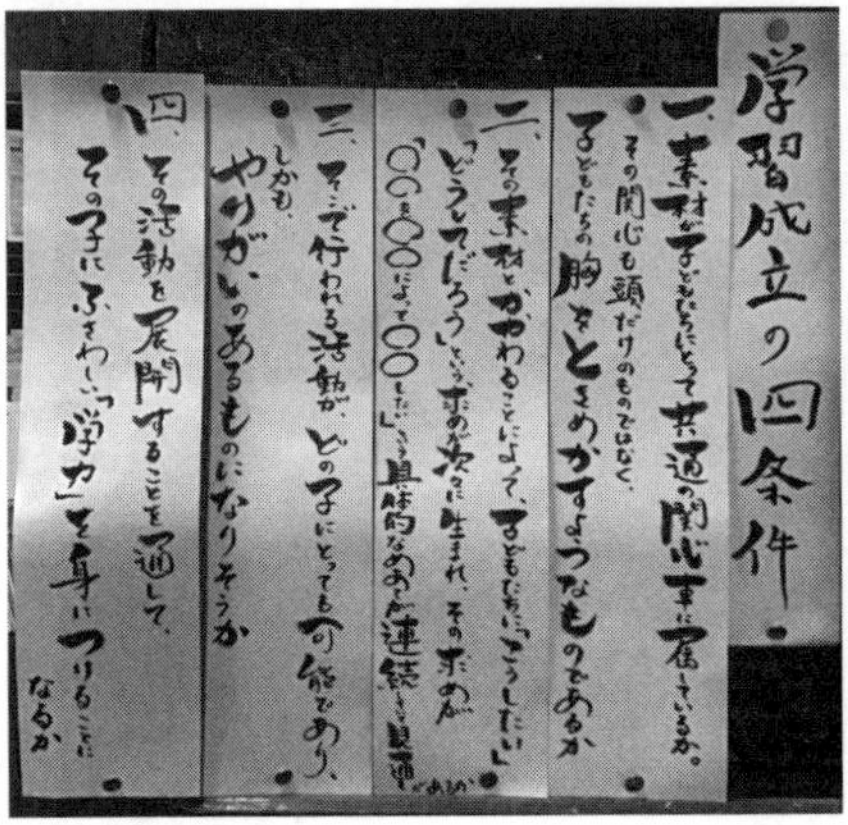

「学習成立の四条件」

「一．素材が子どもたちにとって共通の関心事に属しているか。その関心事も頭だけのものではなく、子どもたちの胸をときめかすようなものであるか」「二．その素材と関わることによって、子どもたちに『こうしたい』『どうしてだろう』という求めが次々に生まれ、その求めが『○○を○○によって○○したい』という具体的なめあてが連続していて見通しがあるか」「三．そこで行われる活動が、どの子にとっても可能であり、しかも、やりがいのあるものになりそうか」「四．この活動を展開することを通して、その子にふさわしい『学力』を身につけることになるか」。すごい言葉ですよね（笑）。

**井藤**　すごい。

**苫野**　本質的な言葉ですね。

**田中**　他にも「子ども一人一人人間的、人格的成長にあずかることを終生の喜びとし、労を惜しまぬ教師でありたい」「子どもにとって授業は『暮らし』である」「心の遊びとしての自由なる時間、無駄の許される子どもらしい時間→子どもらしいモノとの出会い、語らいの時」などなど。伊那小に来て、本当に色々な言葉と出合って、これは宝物にしなければと、筆で書いて貼ってあります。こういう言葉たちを自分の中に落とし込んでいければいくほど、ああなるほどなと。全部はすぐに無理でしたが、そういうものが伊那小にはあると思います。

**苫野**　ここに書かれてあることは、ジャン＝ジャック・ルソー[23]以来の、教育学の底に流れている思想です。伊那小には、長い教育学の英知もまた息づいているのを強く感じます。

**井藤**　ここに到達するまで、本当は気の遠くなりそうな時間が必要なのでしょうね。それを、伊那小の教員になるための研修のような期間があるわけでもなく、着任してすぐ、猶予期間がない状態で放り込まれて、シャワーのように浴びて、もがきながら、でも自転車操業的にやっていかないといけないというのが、本当にすごいなと思います。かな

(23) Rousseau, Jean-Jacques（1712-1778）。ジュネーヴに生まれ、フランスで活躍した哲学者・文学者。主な著書に『社会契約論』『エミール』『告白』などがある。近代民主主義の土台を築いた哲学者であると同時に、近代教育思想の源流とも言われている。

り高度なことが先生方に求められているのではないかなと思うのです。

**田中** 材が立ち上がるとか、材がすわるとか、色々な言葉がありますが、まあ焦るなと。子どもたちとゆったりと過ごしながら、外に出る。「1年生が教室で勉強してちゃ駄目だ、伊那小は」と言われます。春に、1年生はまた教室にいないな、どこ行ったのかな、と。外に行って、**ゆるやかな時間を過ごしながら少しずつ材がすわっていく**という、そういう時を過ごしなさいと言われるのです。

**苫野** 来られたばかりの先生は、さすがにサポートしてもらえるのでしょうか。先輩や学年部屋の仲間たちが相談相手になってくれるから、いきなり「はい、やりなさい」ではないですよね。

**田中** そう、私みたいなちょっとした経験者がメンター的なものになっているはずです。

**井藤** 田中先生がまさに今、そういう立場というわけですね。

## 記録の意味

**井藤** もう一つお伺いしたかったのが、先生が実践の中で常にメモを取られていたことについてです。ここから何か新しいことが立ち上がるなという勘所を見極めるためにも、日々のドキュメンテーション(24)というのは非常に重要かなと思うのです。これは伊那小の中で何か方法論みたいなものが確立されているのか、これは田中先生流のやり方なのか、その辺りも教えていただければと思います。

**田中** あれについては自己流というか、次から次と新しいことが上書きされてしまうの

(24) ドキュメンテーションは、例えば、レッジョ・エミリア・アプローチにおいて大変重視されている。この教育方法は、近年幼児教育界で注目され、その芸術性に満ち溢れた実践がブルーナーやハワード・ガードナーといった著名な学者によって評価されているが、そこでは、あらかじめ教師によって決められた課程を遂行するプログラム型カリキュラムではなく、数週間から数か月にわたって一つの主題に取り組む「プロジェクト」と呼ばれる長期的活動を中心としたカリキュラムが採用されている。日々の活動は、教師たちによって記録され、「ドキュメンテーション」と呼ばれる資料となる。レッジョ・エミリアの教師の仕事は、「3つのD（デザイン、ドキュメンテーション、ディスコース）」に集約される。

で、子どもの大事な言葉を残しておかないと、振り返りや省察ができないというのがあります。私も多分、先輩の先生の姿を見て始めたのだと思います。

ああやって残して、**子どもたちが下校した後に今日あったことを物語につづる**中で、自分も省察したり、次はこうなりそうだなという授業の構想、見通しが立ったりする。そういうふうにして明日を作っていくというのが私の日課になっています。そうしないと授業を作れなくなっているところがあります。

**井藤**　取り組みを俯瞰する上でとても重要そうですね。他の先生はどうされているのでしょう。

**田中**　研究紀要でも、子どもたちの事実をつづって、子どもたちの考察をして、そこで子どもたちの見方、捉え方を磨き上げて、それを子どもたちに返して一緒に授業を作っていくというところがあるので、やはり記録を取るということは伊那小の方法論と言えるのかもしれませんね。時として、勝負だなという授業の時はビデオも取りますし、それは多くの先生がやっています。

## 先生になる前に

**井藤**　最後に伺いたいのが、教師になるにあたって、学生時代にどんな準備ができるのか、ということです。伊那小のような学校で、あるいはこれから伊那小に限らず総合学習のような探究型の学びがどんどん推奨されていく中で、どういう準備をしておけばいいのでしょうか。先生が学生時代にやっておいてよかったこと、しておけばよかったと思われることがあるか、また、今後先生になろうとしている学生たちに伝えるとしたら、どんなことがあるでしょう。

**田中**　遊べと言いたいです、「自分の好きなことをとことんやれ」と。私の主観にはなりますが、やはり遊びは大事だなと思います。

石窯のパン焼きも、私が長野県に移住してきた時に、「どうせ家を建てるなら薪ストーブを作りたい」と言って、そこから薪割りや火起こしも勉強して、それを日々の生活の中でやっていたから、石窯の時にも、自分の生活してきた経験値がヒュウッとつながったところがあります。バイタリティというのか、色々ご自分で好きなことをやっておられる先生は、多分それを教育活動に生かしているのではないかなと思います。伊那小の先生たちは、本当に癖が強い。何か持ってる人たちがいっぱいいます。とことん走るのが好きとか、野球が好きとか、もう変態が多いです（笑）。

**苫野**　伊那小に行く楽しみの一つが、そんな変態な先生方ととことん語り合えることです（笑）。先生たちが、いつもずっと子どもたちの話を楽しそうにされている。本当に、ずっと、ずっと。これは、教師のとても尊い姿だと思うのです。

伊那小では、遊びと学びがシームレスというか、区別されていない。今はお勉強の時間です、遊びの時間じゃありません、という感じが全然ありませんよね。信濃教育会の武田育夫会長(25)と伊那小でご一緒した時、武田先生もおっしゃっていました。伊那小では、授業がいつ始まっていつ終わったかわからないから、公開研究会などに来られた方はびっくりするんだよね、と。先生の姿さえ見えない（笑）。でも子どもたちは、誰の指示を

(25) 公益社団法人信濃教育会会長。長野県教育委員会指導主事、主任指導主事など歴任し、伊那小学校校長、伊那中学校校長なども務めた。

待つでもなく、自分たちでパンを焼いて、参観者たちに配って食べさせてくれるわけです。

そういう学びの姿を、多くの先生や教師を目指す学生たちに体感してもらいたいなと思いますね。そして、田中先生がおっしゃったように、まずは自分自身が大好きな遊びにたっぷり没頭してみる。**遊び浸るから学び浸るへ**というのが幼児教育の基本中の基本ですが、教員養成の世界でも、学生たちの遊び浸る経験や、遊ぶように学ぶ経験を、もっともっと大事にしたいと思いますね。

**井藤**　今絶対言いませんからね、そんなことは。教職を履習している学生に、大学で遊べとか、なかなか言いません。

**田中**　**好きなこと、とことんやって遊べ**って。

**苫野**　それは一番大事なメッセージかもしれませんね。

**――長時間、ありがとうございました。ぜひ太字にして、読者に先生の熱いメッセージをお伝えします！**

**苫野・井藤**　ありがとうございました。

# 第3章

# 三河サドベリースクール・シードーム

## 自分のことは自分で、みんなのことはみんなで

**所在地**　愛知県岡崎市井田町茨坪 34-5

**設　立**　2011 年（本開校）

**児童生徒数**　11 人（2023 年 10 月現在）

**URL**　https://www.mikawasudbury.com/

# 学校概要

1968年にアメリカのボストンに創設された私立学校サドベリー・バレー・スクール(Sudbury Valley School)。その教育理念に共感し、同様の理念の下で運営している学校が、「サドベリースクール」である。(1)

本書で取り上げる三河サドベリースクール・シードームは、「子どもを全面的に信頼する」サドベリーモデルに共鳴し、数年の準備期間を経て、2011年に愛知県岡崎市に開校された。

この教育は、実践の隅々までが「自由」の精神に貫かれていると言える。サドベリースクールでは、すべての事柄が生徒とスタッフの話し合いによって決定される。この学校にはいわゆる「先生」が存在せず、代わりに「スタッフ」と呼ばれる大人が生徒たちのサポート役を担う。ミーティングを通じて何らかの意思決定を行う際、生徒とスタッフの1票は同じ重みを持つ。「大人の意見に従わねばならない」といった暗黙のルールは存在しないのである。

生徒はスタッフと対等な立場で、日常のルール作りから、学校運営の決議、スタッフ選考など、すべてのミーティングに参加でき、1票の権利を行使する。話し合いによって決定される事柄は、学校をめぐるあらゆる範囲をカバーする。例えば、年間の登校日、夏休みの有無なども生徒たちと話し合って決めることになる。スタッフの雇用や新入生の受け入れまでもが話し合いを通じて決められるのは注目に値する。新しいスタッフを採用する

(1) 本書でインタビューした黒柳さんは、デモクラティックスクールネット(https://democratic-school.net/)に入っている学校を「日本のサドベリースクール」と考えており、年々数が変わるとのことだった。

際には「このコミュニティにとって必要な人かどうか」を皆で話し合って決める。裏を返せば、コミュニティにとって不要だと皆で判断すれば、スタッフを辞めさせることもできてしまうのである。

さらに、卒業のタイミングも生徒たち自らが決める。本人と他の生徒やスタッフとの話し合いを通して、時期が決定されるのである。

議論に際しては、多数決ではなく、スタッフと生徒が徹底的に話し合いを重ねることが基本となる。特筆すべきは、サドベリースクールのルールは、変えることができるという点だ。この学校における「校則」は、揺らぐことのない固定化された命令ではない。そのルールがコミュニティにとって不要だと感じるならば、議論の俎上に乗せて、皆で話し合い、必要に応じてルールを変えていくことができるのである。ルールは不当に人間を縛り付けるものではなく、人と人が気持ちよく生きていくために必要なものと見なされる。あくまでも現時点で有効な、暫定的な規定にすぎないのである。変わりゆく状況にマッチしなければ、随時変更が加えられる。

ただし、皆で決めたルールには責任を持って従う必要がある。定められたルールはルールブックに記され、いつでも閲覧することができる。当然ながら、全世界に存在するサドベリースクールごとに、それぞれ学校のルールは異なっている。

サドベリースクールは、スタッフと生徒たち自身の手で作っていくコミュニティであり、この学校は社会の縮図であると言える。そうした状況下において、生徒たちは主体的・対話的に学校生活に関わらざるをえないのである。

## 学校訪問記

名鉄東岡崎駅からバスで15分、バス停からしばらく歩いた住宅地の中に、平屋2軒分を改造したシードームの校舎がある。入口には登校時間と下校時間を記すボードがかかっており、各自がそれぞれの時間を記入するルールになっている。毎日通う生徒もいれば、週に数回の生徒もいる。月~金曜の9時半から16時半の開校時間の間、どれだけいてもよい。

民家をそのまま校舎にしているので、まるでお友達の家に上がるかのようなアットホームな雰囲気。母屋に通されると、まず部屋の真ん中に大きなダイニングテーブルがあり、奥のリビングにはソファが設置されている。畳の部屋もあって、本棚には漫画がずらりと置いてある。壁には誕生日の書かれたカレンダーや、ミーティングの予定、その他様々なお知らせやイベントのチラシが所狭しと貼られている。隣棟の建物にはキッチンと6畳の畳の部屋、それからデッキで繋がる別棟の建物には、間仕切りされた3部屋があり、図画工作など創作活動が行える「アトリエ」や、楽器の演奏が行えるスペースになっている。もし生徒が1人になりたければ、そうできる空間も随所に設けられている。ただし、これらのスペースは暫定的に今の形を取ったものであり、生徒たちの要望があれば、各部屋の機能を変えることもできるという。

建物を出ると畑に面しており、庭には大きなトランポリンが置いてある。この設置も、予算の使い方をめぐる多くの話し合いの末、子どもたちの思いが結実したものだという。

朝のミーティング時刻の10時を目安に、子どもたちが続々と学校にやってきた。まだあどけない8歳の男の子から大人びた表情の19歳の女の子まで。皆、飾らない自然な態度で筆者たちに挨拶して鞄を置き、こちらの持参したお土産を何個ずつ、どのように分けるか、朝のミーティングの時間に、早速みんなで話し合いをしていた。

その後は、この日出勤の3名のスタッフ、さっちん（黒柳さん）、みかんさん（浅若さん）、つーじー（辻さん）の見守りのもと、めいめいに時間を過ごしている様子があった。自分のドリルを開いて、集中して取り組む中学生の女の子。そのままダイニングテーブルで大人とおしゃべりを続ける女の子たち。ルービックキューブが得意な男の子は、学校内で流行らせているところなのだと、その技を披露してくれた。和室では、壁に立てかけられた梯子を使って、天袋から飛び降りる遊びをしている男の子たちもいれば、襖を隔てた隣の部屋では、パソコンで調べ物をする子、午前中ずっと黙々とオンラインゲームをやっている子もいた。別棟の奥の部屋では、女子生徒たちがバンドの練習をしていた。久しぶりに学校を訪れた卒業生とのバンド再結成の喜びの中、元生徒が作ったというオリジナル曲を含めた4曲を、迫力の演奏で筆者らに披露してくれた。

昼食は、弁当でもキッチンでの自作でもいいし、近所からまとめて出前をとることもあるという。食べる時間はそれぞれに任されている。

生徒たちは皆、学校自治に関わる「運営チーム」か、掃除など日々のことに関わる「達人チーム」のいずれかに所属することになっている。日常的な小さな決め事から学校の運営に関わるルール決め、そして予算やスタッフの人事の決定まで、全ては「ミーティング」で決定される。分厚いルールブックには、これまで何度もの改変を経てきたルールがファイリングされていたが、取材の日はちょうど、数が増えすぎてしまったルールをレベル分けしてカテゴライズする話し合いが午後に行われていた。ルールを破った者には、何らかのペナルティが科される決まりだが、生徒だけでなくスタッフもその対象であり、同じように壁の表に名前を書かれていたのが印象的だった。

子どもたちは大人に対しても物怖じせず、人前で自分の意見をはっきりと伝え、他者の話に耳を傾けることに慣れている様子であった。家族が家の中で過ごす様子にも似て、自分がしたいように過ごすことをそれぞれが自然に受け入れていて、互いに干渉せず、何かあれば大きな子が小さい子にさりげなく声をかけるという雰囲気が、構成員の中に深く共有されているようだった。

校名の「シードーム」は、seed（タネ、子どもたちが持って生まれた気質・才能）とdome（地球を囲む半球）を掛け合わせたオリジナルの言葉であるという。代表の黒柳さんは、「発芽」する瞬間が好きなのだ、と語ってくれた。子どもたちが、何にも妨げられることなく、それぞれのタイミングで芽吹き、伸びやかに成長していくように。大きな者も小さな者も、同じ土壌で育つメンバーが、互いの領分を認め合い、心地よく、思い切りその葉を広げていけるように。スクールで過ごすゆったりとした時の流れの中に、スタッフや学校を支える保護者たちのそんな願いが感じられるようだった。

# ナビゲーター紹介

## 黒柳佐智代（くろやなぎ・さちよ）

保育園で4年間の勤務後、幼稚園へ異動。出産を機に育児休暇に入り、復帰間近な頃、「世界一素敵な学校」という本でアメリカにあるサドベリー・バレー・スクールについて知る。そこには、自由と自治が両立する場で、形にとらわれない学びをする生徒たちについての実例が書かれており、人は自ら学び社会人になれるのだと感銘を受けた。自宅近辺には似たポリシーの場が無かったことから、自ら設立することを決意。2011年、三河サドベリースクール・シードームを立ち上げ、現在に至る。

## 三河サドベリースクールに至るまで

（聞き手：小木曽）

――三河サドベリースクール・シードーム（以下、シードームと略記）のホームページの設立趣旨をとても興味深く拝読しました。立ち上げにあたって、黒柳さん[2]ご自身の子育て経験やプライベートな体験が大きく影響したと書かれていますよね。シードームの特徴の前に、まずはぜひご来歴について伺えればと思います。

**黒柳**　私は元々幼児教育が専門で、地元の公立保育園で働いたのち、幼稚園の教諭をしていました。私が大学生の頃は、中教審で「『生きる力』をはぐくむ[3]」ということが言われている時期で、大学でも「生きる力」を育むことや主体性を持った子を育てることが大事だと学んできて、それを活かす場として保育の現場に立つことを選びましたが、実際には行事や制作活動に追われるような忙しい日々を過ごしていました。「遊びたい！」という子どもたちに対して、「ちょっと待って、今は何の時間だと思う？」と言って、その時したいことを我慢させ、させるべきことに向けてモチベーションをどのように上げていくかなど、とにかく工夫して保育をしていたわけです。

そんな中、長女の出産で休むことになり、育休を経て、正直なところ元の現場に復帰したくないなという思いが出てきたのです。多分私は元々、そこで求められるようなことが上手ではない保育士だったのだと思います。最初はちょっと疑問を持ったくらいでしたが、ベテランの先生に「4月にいかに子どもたちを先生好きにさせて、『先生の望

(2)
シードームでは、生徒たちから「さっちん」の愛称で呼ばれている。

(3)
平成8年（1996年）の中央教育審議会答申で提唱された。ここで「生きる力」とは、「変化の激しい社会を担う子どもたちに必要な力は、基礎・基本を確実に身に付け、いかに社会が変化しようと、自ら課題を見つけ、自ら学び、自ら考え、主体的に判断し、行動し、よりよく問題を解決する資質や能力、自らを律しつつ、他人とともに協調し、他人を思いやる心や感動する心などの豊かな人間性、たくましく生きるための健康や体力など」とされた。

むことをしたい！』と思わせるかが肝心だよ」と言われたりして、違和感が膨らんでいったように思います。

では自分は何がしたいのか、できるのかを考えてみた時に、実は私自身が自分のこと、世の中のことを知らないことに気づきました。子どもたちが社会で生きていく力を育てなければならないのに、他ならぬ自分がその肝心な部分を身に付けずに、テストで良い点を取ることや、内申点を求めることばかりを追求して社会人になってしまった。教育に携わる者がこれでいいのかなと思ったのが最初の疑問でした。

それから、自分が担任した子の一生にどれだけ責任をもって関わっていけるか、という辺りもポイントでした。一年間で担任が変わることに対して、子どもの成長に関わる責任をもっと重く考える必要があるのではと思ったのです。

そうしたこともあり、自分なりの幼児教育の場を作りたいという思いが湧いてきました。保育園を辞めた先生たちが立ち上げた共同保育所を見に行ってみると、そこの子どもたちはすごく自立していました。先生が子どもたちに任せている部分が多く、子どもたちも先生を常に頼るのではなくて、子ども同士で喧嘩しても大きい子が小さい子に「どうしたの？」と声をかけながらうまくやっている。決して危なっかしくないし、とげとげしていないのです。

今まで私が実践してきた保育と見比べた時に、管理すれば管理するほど子どもたちは大人の目を気にして動けなくなり、任せれば任せるほど子どもたちの目がキラキラしてきて、主体性が出て、自分たちで何とかしていこうとする。それを目の当たりにして、やはり子どもたちに任せる保育の方がいいと感じました。

でも、その保育所を卒園した子たちは、地元の学校に進むことになります。入学してみて、一斉に指導されることに戸惑うという話を聞き、「キラキラして育った子たちなのにもったいないな」と思いました。

幼小中高大と、時計のない、ゆったりとした時間の中で好きなことをして過ごしていくことで人が育つのであればそれが一番いいと思いましたし、出会った子どもたちと一生かけて付き合うことのできるような学校がないかなと思っていた矢先、夫が『世界一素敵な学校』(4)という本を教えてくれたのです。これがサドベリーとの最初の出合いでした。

その後、2009年に勉強会からスタートしてサドベリースクールの理念に基づいた学校設立のための準備を進め、まずは週に1~3回の形でプレオープン、その後2011年4月から本開校することになりました。校舎移転や一般社団法人化を経て、現在の形に至ります。

(4) ダニエル・グリーンバーグ『世界一素敵な学校――サドベリー・バレー物語』(大沼安史訳、緑風出版、2006年)。

## 年齢と自治

**――現在(2022年)のスクール全体の生徒数を教えてください。**

**黒柳** 生徒は現在15名です。入学時に4歳から18歳までの年齢であることが入学の条件ですが、現生徒は、一番小さい子が8歳で、一番大きい人が19歳。一番厚みがあるのが中学生になる学年で、14歳、15歳が多くいます。

――8歳から19歳までの子どもたちが同じ場所・同じルールで過ごす中で、年齢段階による違いや成長の変わり目のようなものもあるのでしょうか。

**黒柳**　サドベリーの特徴の一つに「自治」があって、自分のことは自分で決める、みんなのことはみんなで決める、というのがあります。ミーティングで決定したことを学校の決まりとしていきますが、その話し合いを本当に意識するようになるのは、学年で言うと小学校高学年だとまだ早いかな、中学1、2年生ぐらいからかなと、年齢を切り口に考えるとそういう違いはありますが、本当にみんなそれぞれというのが実感です。

よく9歳頃が転機だと言われますが、個人個人で見ていった時に、確かにその頃少し人格が変わってくるように感じます。

――自分のことを自分でするのは入学時4歳からでも可能だけれど、9歳あたりを乗り越えていくと、「みんな」という意識もだんだん増えてくるということでしょうか。

**黒柳**　そうですね。もう少し視野が広がるというか。自

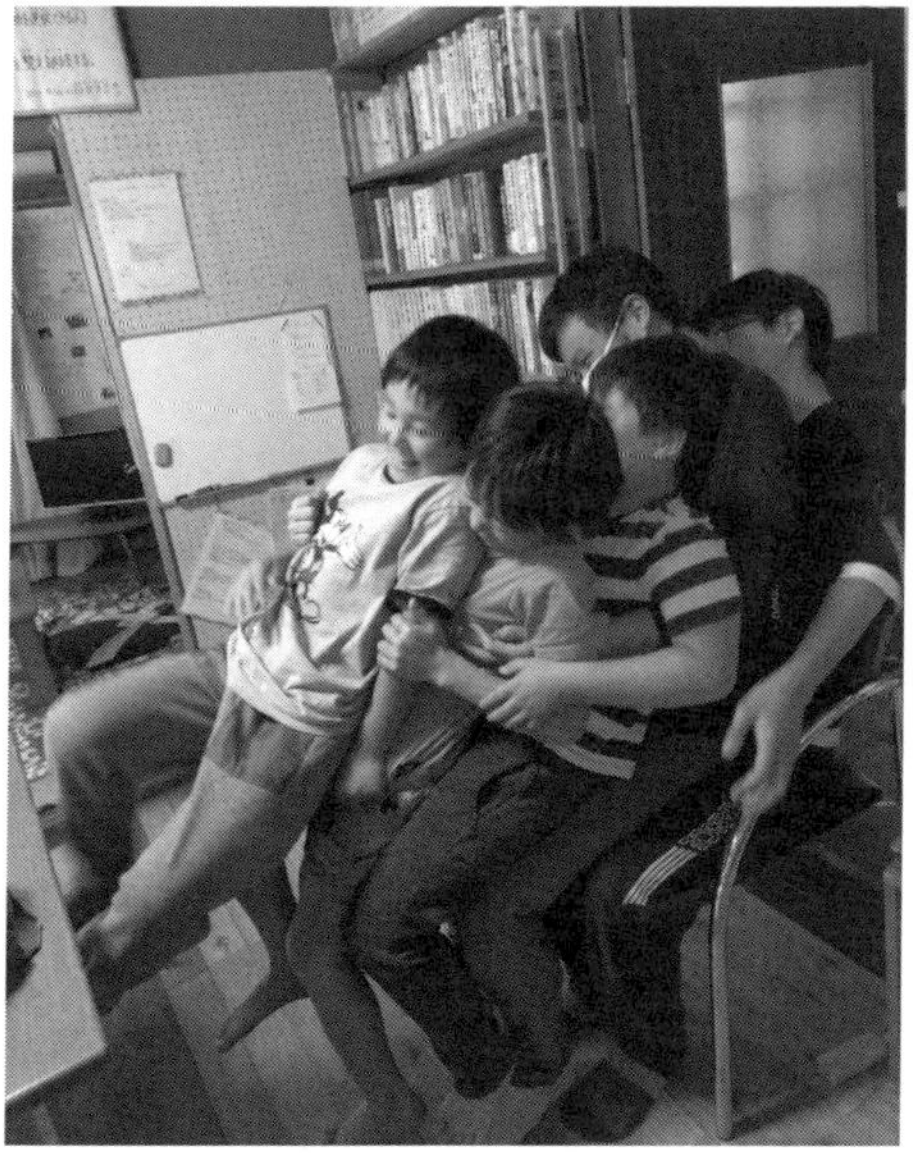

大きい人も小さい子も

分の好きなことだけ、やりたいことだけに没頭することに加えて、周りが何を話しているんだろう、今何をやってるんだろうというような感覚ができてきて、それについて自分の意見としてはこう思うよ、などと言うようになってくる。それまでは、何でもいいから面倒くさいことは任せる、というようにしていた子が変わってくるという感じでしょうか。

**――集団生活に馴染む子と馴染まない子がいる感じはあるでしょうか。**

**黒柳** シードームでは、みんなで何かすることはほぼないので、集団生活に馴染むかどうかという感覚はあまりありません。自然に群れる子と、自然に一人でいる子がいて、それについて特に誰かが何かを言うことも干渉することもなく、みんなそれぞれ好きなことをしているうちにそうなっていくという感じです。一人の方が好きな子と、わいわいするのが好きな子というタイプはありますね。

## 放任とサポートの差

**――サドベリー教育を実践して、またご自身の育児を経て、子どもたち一般に対する見方、子ども観などに変化はありましたか？**

**黒柳** 幼児教育をやっていた時は、子どもには色々教えるべきことがあると、何の疑問もなく思っていました。ある程度のことは知らないといけないし、できないといけない。世の中には我慢することや、思い通りにならないこともあるから、受け入れるしかないということも含めて学ぶべきだという感覚でしたが、サドベリーに携わってみて、その考え方がガラッと変わりました。たとえ4歳の子どもであっても、子どもには自分自身の意思がある、また、それは信頼するに値する、ということは、子育ての中で長女を見ていても思ったことでした。

**――先ほど、「任せれば任せるほど子どもたちの目がキラキラしていく」とおっしゃっていましたが、大人の役割はそのキラキラを守ることなのでしょうか。**

**黒柳**　はい、子どもたちは元々力を持っているので、大人にできるのは、必要な時にサポートすることですね。そうすることで、その子にとって必要な力や知識がついていくし、育っていくだろうと。大人は支える立場ですね。

**――何かあったら大人がセーフティネットになれるというのも大事なのでしょうか。**

**黒柳**　そうですね。放任かどうかの差は大きいと思っています。助けて、手伝って、子どもが「どうしたらいい？」とサポートを求める時にちゃんと対応することは必要ですね。

**――子どもたちの意志を尊重して、たとえ今すぐうまくいかなくても、「いつかきっと解決方法を見出すだろう」と信頼して見守ってこられたと思うのですが、それが「やっぱり待っていて良かった」という場合と、見ていてもどかしくなって、つい手を出してしまいたいと思われるような時もあるのでしょうか。**

**黒柳**　そうですね。待つと思うともどかしくなるのでしょうけど。同じ情報を渡すにしても、子ども側がいらないと思う時もあれば、じゃあやってみようと思う時もあって、タイミングは計れませんね。こちらがつい「そういうことがしたいならこんな資格もあるみたいよ」などと先回りして知識を伝えたような時に、その場では興味がなさそうにしていても、何年も経って本人が自分で調べて情報を知ったら、「やっぱりやってみようかな」と急に動き出すようなこともある。お菓子作りに興味のあったある生徒は、こちらから先回りしても動かなかったところが、ある時、食品衛生責任者のe-ラーニング講習会の情報を自分で調べてきたり、お菓子販売について専門の方に相談したりと、どんどん話を進めていきました。

**――こちらが答えを持っていて、それを本人が自力で導き出すのを待つというよりは、その子の問題はその子の問題であって、こちらが何か言ってどうなることではない、どんな選択もその子にとっては善であって、ある方向に進んでいくのを眩しく仰ぎ見るということですよね。**

**黒柳**　そう思いますね。大方それで通用するんじゃないかと私は思っています。

**――では、ここからは苫野さんと井藤さんから質問させていただきます。**

**苫野**　最初に、子どもたちの一生のことを考えて、というお話がありましたが、それはそう簡単なことではありませんよね。その思いを支えているものについて、お聞かせいただけますでしょうか。

## サドベリー教育に向かう原動力

**黒柳**　難しい質問ですね（笑）。教育の成果というものは、すぐには表れないと思っているのです。結局はその子の人生が終わる時に、「ああ、幸せだったな」とか「産んでくれてありがとう、この世に出てきてよかったな」と思うのが、教育だとか子育ての最終的な成果だと思っています。
長女を産んだ時は、自分の爪を切ったこの爪がコピーとして大きくなった、というように、本当に自分の分身だと思っていました。それで体操や、ダンスや、紙芝居や、とにかく色々な経験をさせようとしていたのですが、確か4歳くらいの時に「お母ちゃんに、ああやって連れて行かれるの嫌だったんだよね」と長女が言ったのです。その時に、「ああ、私、この子にとって良かれって思いながら、嫌だったことを一生懸命喜ぶかと思って、結局自己満足のためにやってたんだ」と、この子は私とは別の人だったことに気が付きました。

**苫野**　なるほど。しかしそれにしても、そこからサドベリーへというのは、また相当のパワーだと思うのですが、その原動力は一体何だったのでしょうか。

**黒柳**　何だったのでしょうね。私が育ったところは、昭和の古い家庭でした。家長が一番風呂に入って、一番先に父親やおじいちゃんが箸をつけて、その後にようやく食べられるというような。そんな中で、上下関係自体に潜在的に抵抗感があったのかもしれません。

**苫野**　なるほど、ありがとうございます。では、日頃の実践の中で、子どもたちの何をどう見るか、意識されていることについてお聞かせいただけますか。

**黒柳**　迷うところも、時にはあります。例えば、喧嘩のように、一方的に嫌な思いをさせられているのではないかと見えてしまう場面で、どうしようかなと思うことはあります。そういう時もすぐには言わずに様子を見ますが、嫌な思いをさせられている子が休まず来ているかが、まずポイントですね。スクールに来ているということは、それでも楽しさがあるから来ているのだろうと思っています。

そういう時は、「助けがほしかったら言ってね」というようなことを言うことはあります。あんまりそれも言い過ぎると、「『言ってよ』って言っているのと同じじゃん」ということになってしまうので、塩梅が難しいのですが。

**苫野**　確かに。大人のあり方が試されますよね。もう一つ、「みんなのことはみんなで決める」ということについて、そこで大切にされていることをお聞かせいただけますか。

**黒柳**　全員がミーティングに参加することはほぼないので、興味がある人が参加しているのですが、その中では全員合意で決めています。多数決はめったにありません(5)。多数決をする場合も、多数決していいかどうか、まず全員の合意を得てからになります。そういうわけで、**全員合意が基本**になります。**なるべく少数派の人の意見を聞いて、その人が納得できる回答に落ち着いているかどうかを確認**しています。

**苫野**　まさに、デモクラシーですね。子どもたちが、実生活を通して民主主義を学んでいるということですね。

## サドベリーのスタッフらしさとは

**井藤**　お話を伺っていて、黒柳さんがどうやって学ばれてサドベリーのスタッフになったのか、ほかのスタッフの方々もどんな研修を受けるのかに興味がわきました。

**黒柳**　そのあたりも、この10年でだいぶ変わってきています。私自身は、兵庫県にある「ま

(5) 第1章でも述べられているように、多数決は「多数者の専制」につながるという意味で、民主主義の本質に反するものである。にもかかわらず、なぜ国会の議決や選挙などが多数決で行われるかというと、「これこれこの場合は多数決で決定する」ということを、あらかじめ全員が合意しているとみなされているからである。つまり多数決は、民主主義の本質ではなく、意志決定のためのあくまでも一つの方法なのである。その意味で、多数決の前にその可否の合意を取るシードームの手続きは、この民主主義の本質にきわめて自覚的であると言うことができる。

っくろくろすけ[6]」に5日ぐらいの研修に行ったのが最初ですが、そこで1日目は「植物になってください」と言われて、とにかく人が来るのを待ちます。生徒が過ごしているのをただ見ている。その次は「植物がちょっと動くぐらいになってください」となって、「チョウチョが飛んできたら、葉っぱがヒラヒラするぐらいの反応をしてください」などと言われて。そんな変わった研修でしたが、自分自身が何を感じるかということを大事にするという意味がありました。あとは本を読んだり、DVDを見たり、他のスタッフが集まる機会に行ったり、アメリカのサドベリー・バレーに行って話を聞いたりという感じで勉強していきました。

自分がどんなスタッフであるのがベストかということは、自問自答していくしかないと思っています。あとは「デモクラネット（デモクラティックスクールネットワーク）」という、全国のデモクラティックスクールのスタッフが集まって月に1回話し合いをする時に、悩み事を言って、アドバイスをもらったりするという形でやってきました。

うちのスクールも、最初は新しく入ろうとする大人に対して、「ただ見るだけにしてください」というところからやっていたのですが、今はもう、ただ生徒と一緒に過ごしてもらっています。どんなスタッフのあり方もあっていいのではないかというふうに価値観が変わってきたというのが大きいです。今やっているスタッフ研修は、他のスタッフと同じように生徒たちと過ごしてもらって、終わった後に、困ったことや気になったことがあったら言ってという感じで振り返りをするぐらいで、特にこれといったことはしていません。

（6）兵庫県神崎郡市川町にある日本初のデモクラティックスクール。

**井藤**　すごいですね。特別に何もしてなくても、子どもを一人の人間として見るという視点は、日々の活動や子どもたちの関わりの中で自然に身に付いていくのですね。

**黒柳**　そうですね。サポートするのが仕事であるということは伝えます。あとはスクールの理念をきちんとご理解いただいて来ているということで、よっぽど口を出したいという大人の方にはあまり出会いません。あとはスタッフ間で、スタッフのミッションみたいなものを話し合って決めて、自分たちが何を大事に日々やっているかということを、それぞれに持っているものはありつつも、揺るぎないものを一つは作ろう、ということで話し合っているので、基本の、絶対外してほしくないところは共有しています。

ジャンプに挑戦

**井藤**　新たにシードームに入ってこられたスタッフの皆さんは、黒柳さんというモデルがいるので、こうやって接すればいいのだというのを間近に見て、徒弟的に知ることができると思いますが、黒柳さんご自身が始められた頃には、サドベリーのスタッフはこういう雰囲気を漂わせているものだというような具体的なイメージはあったのでしょうか。

**黒柳**　そうですね、やはり「まっくろくろすけ」や、サドベリー・バレー・スクールの空気感は、私にとってお手本ではあると思います。でも、実際今のサドベリースクールやデモクラティックスクールでも、スクールの空気感は本当にそれぞれです。うちは、私がこんななので、のんびりとしたスクールだというふうによく言われます。

**井藤**　われわれが普段大学で教員養成をしている時のように、理論立てて教えられるものではなく、現場でスタッフの皆さんの佇まいを間近で見ながらしか吸収できない何かがあるのではないかと、今、お話を伺っていて思いました。

**黒柳**　そうですね。スタッフも「こうしなきゃいけない」と思うとその人らしくなくなってしまうので、リラックスした状態でその人らしくあってもらいたいというのがあります。**のびのびと、心地よくスクールにいる。**そして、生徒のサポートに応じるというところですかね。

## 自由の振り切り度

**井藤**　では、黒柳さんはなぜ他のオルタナティブな教育ではなくサドベリーを選ばれたのでしょうか。サドベリーでなければならなかった理由。その辺りはいかがでしょうか。

**黒柳**　他がどうということではありませんが、サドベリーは、自由の振り切り度、子どもたちへの信頼度が振り切っていますよね。そのすっきり感が好きなのです。「**この部分だけ自由**」**というのでは、結局信頼していない**ように思うので、そうではないところが私は好きですね。

**苫野**　かつては、子どもには最低限教えるべきことがあると思っていたということでしたが、そういうお考えはもうないのでしょうか。

**黒柳**　今は、人格的なものを大事にしたほうがいいと思っています。自由にしていたら、おそらく究極的にはそこに行きつくのではないかと思うので、教えなきゃという気持ちは手放せるのです。でも、そこにいる、モデルとなるスタッフや大人は、人格的にそのスタッフ本人が在りたいと思っている生き方で過ごす必要があると思っています。

**苫野**　例えば、人類の知的遺産というか「ここはしっかりと伝えていかなきゃ」という思いを、多くの学校では手放せないと思うのです。そして実際、それは学校の一つの存在意義です。そう考えた時、もしも子どもたちに何か教えるべきことがあるとしたら、黒柳さんは何をどう伝えるでしょうか。

**黒柳**　教えるべきことがあるとしたら、**人を人として大切にする**とか、そういったことぐらいなのではないかという気がするのです。それぞれの子が、大事な、生きる権利を持っているとか。ですから、知識、技術という感じでは考えていません。

**苫野**　なるほど。人を人として大切にするということもまた、人類が長い戦争などの歴史を通してつかみ取ったものですよね。それを一番大切にする。とても本質的なお話だと思いました。そんなサドベリーの環境で、黒柳さんには、子どもたちが自由に生きていくために必要な力、力というとちょっと陳腐かもしれませんが、そういったものがしっかりと育まれていくという実感がおありでしょうか。

**黒柳**　そうですね。ただ、現状はこれから卒業して社会に出ていく子たちばかりなのです。ですから、どうなっていくかな、というところはあります。今の日本社会にどこまで適応できるのか、挑戦だなというのが正直なところです。

――ありがとうございました。黒柳さんの原動力となっているところについて詳しく共有していただけたと思います。

## 三　河サドベリースクールの実践で感じること――

――それでは、取材を通しての感想をお願いします。苫野さんは、事後の振り返りで、「子どもがとても大人びていた。自分で考え、自分で言葉にするのが印象的だった」とおっしゃっていましたね。

**苫野**　本当にたくましい、頼もしい子どもたち。それはやはり、徹底的に自主性を尊重されて、だからこそ相手のことも尊重し、自分の頭で考えながら生活をしてきたゆえのことだと感じました。私たちのことも、本当に温かく迎えてくれましたが、そうした他者に開かれた姿勢も印象的でした。民主主義の担い手としての、まさに市民[7]が育まれているのだなと感じて、とても感激しました。

（7）学校教育の本質は、お互いの自由を承認・尊重し合える「自由な市民」を育てるところにある。教育基本法第1条は、このことを次のように述べている。「教育は、人格の完成を目指し、平和で民主的な国家及び社会の形成者として必要な資質を備えた心身ともに健康な国民の育成を期して行われなければならない。」

## お互いを尊重する姿勢

**井藤**　どれぐらいの時間をかけて、ああした態度が形成されていくのでしょうね。

**黒柳**　本当にそれぞれだと思います。やはり小学校に就学する段階から通っている子たちは、最初から、違って当たり前という考え方なのですが、途中から来る子たち、しかもわりと大変な思いをした子は、人と違っちゃいけないとか、正解は何なんだろう、というような考え方をしばらくはしているし、今でもそんな気持ちを抱えている人もいます。でも、多分徐々につかんでいくのだと思いますね。正解というものはなくて、お互いに**それぞれみんな、心地いいと感じるものや、大事にしたいものが違う**のだということを、ぶつかりながら、意見交換しながら得ていくのだと思います。

**苫野**　印象的だったのが、子どもたちと対話の時間をご一緒した時に、スクールに来るまでは色々と辛い思いをしてきたというA君が、ここに来たら認めてもらえるという安心感がある、といった感じの話をしてくれて、その時、皆が本当に傾聴しているというか、「ちゃんとあなたのお話聞いてるよ」という雰囲気が、そこはかとなく、自然に出ていたんですよね。あれはすごいなと思いました。A君も言葉を選びながらしゃべっていたので、話があちこちに行ったり、長くなったりして、他の学校だったら「もういいよ」みたいな雰囲気が出てもおかしくなさそうなのに。

**黒柳**　あとで別の子が、「Aにとってはとても大事な話なんだろうなと思った」と言っていました。そうやって受け止めていたようです。

**井藤**　子どもたちは、先輩の姿を見ながら、「人の話はこうやって聞くんだ」と自然に傾聴の姿勢を身に着けていくのでしょうか。もしスタッフの働きかけがないのだとしたら、それはすごい話だな、と思います。

**黒柳**　**ミーティングの場では、その人の話のターンは遮らない**というのは、なんとなく暗黙のルールとしてあります。感情的になっていると、誰かがミーティングで主張したときに、「いや、でも、それは」と遮ってしまうことがありますが、そういう時にお互いに制御し合って、「今は誰々さんのターンだから待っていてね」と声を掛け合うようなことはしています。

あとは、普段のやり取りの中で、私たちスタッフがそれぞれに気を付けているとは思います。スタッフが、つい言いたくなって口を挟んでしまった時に、「あ、ごめん」と謝ったり、「今いい？」と断ってから話したりするのを見て、今は相手の話す時なんだなということを、空気感として学ぶようなことはあると思います。

**苫野**　ということは、大人の背中みたいなところで、伝えたいなとか、伝わってほしいなという思いは、やはりあるのでしょうか。

**黒柳**　うーん。それはそんなにありません。普段の会話の中で「あ、遮っちゃった。ごめんね」と言う時は、本当に遮ってしまったなという反省ですし、間に入る場合に断るのも、教えたいというよりは、その人との関係の中で、相手を尊重したいという思いから出ることですね。

**苫野**　なるほど。すると、教師然とする、というような意識は、もちろんスタッフの皆さんにはないと思うのですが、大人の責任ということについてはどう考えられているのでしょうか。まさに「市民」を育む者としての、大人の責任について。

**黒柳** その点では、やはり私たちは模範でありたいと思っています。口では「こうありましょう」とか「こうしなさい」ということは言いませんが、**一人の人間としてありたい自分であれるように**、というのは思っていますし、それを子どもたちは必ず見ている、ということは意識しています。

**苫野** 私たちは、自分が尊重されていると感じるから、人を尊重できるようになるものですよね。スクールの子どもたちは、まさに、お互いを対等な存在[8]として認め合う、小さな頼もしい市民たちだと感じました。それはやはり、スタッフの皆さんが、そんな接し方を子どもたちにされているからなのだろうと思います。

**黒柳** そうですね。生徒たちは、相手には相手の大事なものがある、大事な意見があるということを、多分当たり前のように感じていて、それはそうするべきですよと教わらなくても自然に身に着いたのかもしれませんね。

## メンバーの中で育まれる当事者意識

**井藤** 黒柳さんの感覚では、そうしたことは人数が増えても可能だとお考えでしょうか。人数が40人とか50人、もっと増えてくると話が変わってくるようなものなのでしょうか。

**黒柳** やはり多数派の人がどう動くかということはすごく影響するところがあるのではないかと思うので、一気に新しい人が入ってきて、40人、50人になった時に、この空気が

(8) サドベリースクールでは、すべての事柄が話し合いを通じて決定されるわけだが、例えば5歳の子と18歳の子が議論を行ったとして、議論がかみ合うのだろうか。あるいは、複雑な議案を検討する際に、低学年の子どもはその議論に参加することができるのかといった疑問が湧いてくる。だが、実際のところ、年上の生徒が低学年の子どもでも理解できるように噛み砕いて説明するよう努力している場面が多く見受けられるという。年長者がわかりやすく年少者に説明し、スタッフも心を砕いて説明する。一部の人間の利益を目指すのではなく、それが全体のためになっているかを絶えず皆で確認する。異年齢の他者と共に過ごすことで、相手の立場に立った他者との関わりのセンスが磨かれ、社会性が育まれるのである。

伝承できるかというと、そこは少しわからないところだなとは思います。

**井藤**　そうなると、新メンバーを迎え入れるということに対して、皆さんが歓迎する側面もありつつ、でも慎重にというところも同時にあるのではないかと感じるのですが、空気を崩さない、ということはかなり意識されているのでしょうか。

**黒柳**　がちゃがちゃしたくない、というような思いは、生徒たちの中にあるのかもしれません。それが1人、2人であれば、ちょっとずつ成長していく姿を、「あの子成長したね」などと言いながら喜ぶような場面もあるので、どんな子もいずれそうやって変わっていくだろうという信頼が生徒たちの中にはありますが、それが一度に崩れるという恐れもありますよね。ただ、スクールを大きくしたい、安定させたいという思いもあるので、新しい子を歓迎したいという気持ちもあるのだと思います。

今までの学びと、これからの決意を語る卒業ミーティング

**苫野**　それが本当にすごいなと思いました。例えば、仲良しサークルのようなものでは、「私たちはこれで完結しているから、もう新しい人に入ってきてほしくない」な

ど思ってしまうこともあると思うのです。でも、子どもたちはみんなで作り上げてきたスクールに、どんどん新しい人が来てほしいと言っていましたよね。あのオープンさにも驚きました。

今の黒柳さんのお話にあったように、子どもたちの中に、当事者として、自分たちの責任の下に、スクールをちゃんと安定させるんだという思いがあるのですね。この当事者性は、多くの学校にも共有されてほしいものだと思いました。学校というのは、本当は上からあてがわれるものではなくて、先生と子どもたち、また保護者や地域の人たちみんなで作り合っていく場所ですから。

**井藤**　開校当初からいた初期メンバーの皆さんが去った後、[9]この数ヶ月の間に、文化が変わったとか雰囲気が変わったというようなことはあるのでしょうか。

**黒柳**　そうですね。初期メンバーと常に過ごしていた子たちは、やはり動きが変わってきています。どうやって過ごそうか本人たちなりに考えて過ごしている、今はそういうときかなと思っています。

**井藤**　スクールの雰囲気自体も構成メンバーによってかなり変わってくるでしょうね。新しい構成メンバーになったら、改めてコミュニティを作っていこうという意識が子どもたちの中にも出てくるのでしょうか。

**黒柳**　そうですね。常に今いる子たちで作っていくから、大きい人たちが去っていっても、また作っていくだろうという信頼が、私たちスタッフの中にあります。生徒たちには、当事者意識が強い子だけでなく、今はまだ薄いという子もやはりいて、大きい人たちが

(9) 開校当初から在籍していた初期メンバーのうち3名が、2022年になって相次いで卒業したところであった。

抜けたからといってその子たちが当事者意識をぐっと持つようになるかというと、すぐには変わりません。

ただ、やはり困ったことが出てくるのです。「今まではあの子がやってくれてた」というようなことが、抜けてしまったことで仕事が回らなくなって、そういう時に、今まで他人事にしていた子が、自分から動くようになるというような、そんな小さな積み重ねで変わってくるのかなとは思います。

**井藤**　初期メンバーの人たちがリーダーシップを発揮してくれていた部分がすっぽり抜けてしまって、新しい誰かが代わりに担わないといけない。そういった意味では、今は、学校内における役割がダイナミックに移り変わりつつある途上ということでしょうね。

**黒柳**　そうですね、徐々に。ただ、「ねばならない」ことは少ないので、必要性を感じて、ダイナミックに一気に動くかというとそうでもなく、本当にじわりじわりというところです。でもみんな多分心の動きはあると思います。残った子たちの中には、自分の中で、今このスクールに見出す価値とか、スクールに来る動機を見直している生徒もいますし、変化をきっかけにして、それぞれが考えているのを感じます。

## 何をしても良いという自由

**井藤**　子どものやりたいことには価値的な序列(10)がない、つまり、ゲームをしていようが、数学をしていようが、どちらが偉いということはないというのがサドベリーの基本的な考え方だと思いますが、本当に一日中動画サイトを見ていたり、オンラインゲームをや

(10) サドベリー教育において「数学をやりたいという思い」と「ゲームをしたいという思い」は対等である。前者の方が後者よりも優れているという考えは一切入り込まない。ゆえにスタッフの関わり方は極めて独特である。生徒のコントロールに陥る危険性のある関わりは慎む。「もっとこうした方がいいよ」「別のことをやってみたら」などと口出しはしない。求められた時に応答するというのが基本スタンスである。サドベリースクールは、大人がさせたいことではなく、子どもがしたいことを尊重する学校なのである。

っていたりということに関して、子どもたちの「やりたいこと」[11]のセンサーの精度をどこまで信じていいものなのでしょうか。スタッフの皆さんはそこを本当に100%信じ切っているのか。その辺りはいかがでしょうか。

**黒柳**　筋道立ててお伝えするのは難しいのですが、まず根本的に、**今現在の姿をゴールだと思っていない**、というところが、私の中では大きいと思います。その子が今後どう動いていくかということは、今経験していること、感じたり考えたりしていることの先にあると思っているので、ゲームばかりしているから心配ということはありません。

自分にとって大事にしたいのはこういうことなんだ、自分にとってわくわくするものってこれなんだ、というところに出合うには、やはり**本人のセンサーが一番大事**だと思っています。

**井藤**　本人が本当にやりたいと思っているなら意義深いと思うのですが、例えばゲームの場合には、ゲーム依存のように、やりたいというよりも、やりたいと思わされているだけであるような状況もありうるのではないかと思うのです。その点、何かお考えはありますか。

**黒柳**　もっと手前の部分で、本人の存在や考え方を大事にするというベースがあれば、依存に陥ることはないと私は思っています。窮屈感や、すごく強いストレスのようなものから人は依存症になっていくと思うので、それがない状態であれば、面白いからのめり込むとしても、依存にまではいかないと考えています。

もちろん、「やり過ぎたな」とか、「ちょっと沼にはまってるな、自分」と思うところ

**(11)** サドベリー教育の前提にあるのは「すべての人は、生まれながらにして好奇心を持っている」という考えである。スタッフはその好奇心を「伸ばす」というよりは、「邪魔をしない」というイメージに近い。

もあるとは思います。それもあっていいと思っているのです。「ああ、なんか自分、これやった後、嫌な感じに思う」「ああ、後悔してる」とかね。「またこうなっちゃった」となった時に、その沼から、ちょっと違う自分の習慣を作ってみようかなとか、別のことをしてみようと思っていけたらいいと思います。**自分の中で、今は自分のありたい姿ではないなと思ったら、また変えていけばいい**のかなと。そういう力はあの子どもたちの中にあると信じていますね。

コタツで並んでゲーム

**苫野**　薬物依存症の治療や研究の第一人者である松本俊彦先生が、人が依存症になる大きな理由の一つは、まさに孤独にあるとおっしゃっていました。自分は誰からも必要とされていないというような自我の不安が依存症につながってしまう。逆に言うと、そこが支えられていけば、依存症から抜け出せる可能性が高まるわけですね。専門家の知見の観点から言っても、今の黒柳さんのお答えは説得力があるなと私は思いました。

**井藤**　もっと手前の、スタッフや生徒がみんなで温かく一人ひとりを受け入れていくという環境自体が歯止めになって、依存に向かわないような空気感をもたらしているということですね。

**黒柳**　そうですね。あとは、執着させないという効果もあると思います。やってはいけないと言われるとやりたくなるというところはあるので、ゲームもやってはいけないと言われがちですが、どれをやってもいい状態だったら、そこに執着しにくい状況にはなるのではないでしょうか。

ひと口にゲームに夢中と言っても、ただゲームを楽しんでいるのでもなくて、頭の中でイメージしたものを作っていくとか、キーボードの位置を覚えていくとか、色々な学びをしているなということも感じます。ある生徒は、「ゲームをやり込んで、自分が本当にやりたくてやっている時間もあれば、惰性でやっているなという時間もあることに気づいて、惰性でやっていると自覚した時はやめるようにしている」というような話をしていました。そうやって自分を俯瞰してみる、よりありたい自分の未来に照らし合わせるということを自然に行っていくのだな、ということを感じます。

**苫野**　自己コントロールができるようになるわけですね。だからそれを信じる。その信頼には合理性があると感じます。

そう言えば、取材の際に、国語の教科書をずっと読んでいる子がいて、少し話をさせてもらったのです。すると、小説家になりたいのだと教えてくれました。自らの関心や必要に応じて、まさに自己コントロールをしながら、自分で学びを作っていく、そんな姿を見せてもらったと思いました。

**黒柳**　彼女は、その後自分で書いた小説をネットに上げたいと思いはじめたのですが、アプリによって二次創作が大丈夫なところと駄目なところがあるそうなのです。そこで著作権の問題に触れていくことになり、必死に自分で調べていました。そんなふうに、出合う学びは無限にあるのだなと思います。

## 価値観を押し付けない

**苫野**　本書の第4章で扱うシュタイナー教育では、教師の積極的な役割がとても大事にされています。それと対比した時に、サドベリーのスタッフの皆さんは、自分たちが子どもたちを導くというような考えはほとんどお持ちでないように見えるのですが、一人では成長しきれないところを、ほんの少し、足場かけをすることで、学びが一気にぐっと深まるようなところもあると思うのです。ヴィゴツキーの言う発達の最近接領域[12]ですね。そのあたりのことを、サドベリーのスタッフの皆さんはどう考えておられるでしょうか。

**黒柳**　私たちは、そういうことはしないと思います。もうちょっと頑張ったらできそうというようなところをこちらが見せていったり、背中を押したりということはしていません。でも、聞く場合はあります。

**苫野**　なるほど。聞く、なんですね。

**黒柳**　こちらにどうしてほしいか、支援をしてほしいのか、任せてほしいのかを聞くということで、それを本当にしたいかどうかも含めて確認するような形です。

**(12)** 一人では達成できないが、人の力を借りれば達成できる領域のこと。ソヴィエト連邦の心理学者、レフ・セミョーノヴィチ・ヴィゴツキー（Vygodskiy, L.S. 1896-1934）によって提唱された。

**苫野**　本当に徹底していますね。野暮な質問ですが、そんな中で、進学先などの進路についてはどうお考えでしょうか。

**黒柳**　最終学歴や、資格のようなもののことですよね。現実社会はまだまだそういうレッテルで見る部分はあると思いますが、それもやはり、どの人にも共通の価値観などというものはありませんから、このスクールで過ごす**子どもたちが、現実社会を知りながら、でも自分はどう生きていきたいのか**(13)、ということですね。そこも本人たちに任せたいと思っています。幸せの定義は、私が押し付けることはできませんから。みんなそれぞれ違うので、有名大学を卒業したから必ずあなたは幸せになれますとは言えないし、その子にとっての幸せの形が資格であれば、それにチャレンジすればいいし、それが今後サドベリーに通うことで実現しづらくなるのであれば辞めていけばいいと思います。そこも本人がどう思っていくかを大事にしたいと思っています。

**苫野**　改めて本当に徹底していますね。そんなことを、覚悟とか志みたいな大げさな言葉でなく、自然体で実践されているのは、とても印象的というか、すごいことですね。

**黒柳**　ありがとうございます。サドベリースタッフの専門性というものを考えた時に、価値観を押し付けないということはかなり大事にしているところだと思います。特に、**何が幸せかというところの価値観はみんなそれぞれ**だと考えているのではないでしょうか。

**苫野**　と同時に、きっとスタッフには触媒のようなところがあって、子どもたちは、スタッフを通して、色々な人や社会に出会っていけるというところもあると思うのです。そ

(13)　サドベリースクールでは「自分に向き合う」ということが大切にされている。徹底的に自分の気持ちに向き合う。これは決して楽なことではない。だが、生徒たちは、絶えず自分自身と向き合い、自らの内なる声に耳を傾けながら、学校生活を送っているのである。

のあたりのことを意識されることはあるのでしょうか。

**黒柳**　多分意図しているわけではありませんが、スタッフそれぞれに、得意なことがあったり、好きなことがあったりしながら、好きに人生を生きているというところが、自然にその触媒となっているのかもしれません。

「今度こんなところ行くんだよね」とか、「こんな友達がいてね」などというところから情報を拾うとか、好奇心につながるという部分もあると思いますが、それを目的に会話をするというよりは、例えばケーキ作りが好きな子に、「あそこにすごくおしゃれな素敵なケーキ屋さんができたって教えてあげたいな」と思う。それは友達に対して思うのと同じような感じで、自分の大事な人にとって、この情報は好きだろうな、喜ぶだろうな、と思って伝えるのであって、その子を伸ばそうとか、これを言ったらこうなるのではないかということを意図して伝えるようなことはあまりしませんね。

**苫野**　なるほど。そのあたりは、本書で紹介している伊那小学校や北九州子どもの村小・中学校とは、少し比重に違いがあるのかもしれません。どちらが正しいということではなく、おそらく黒柳さんは、意図的な働きかけが、むしろ子どもたちの学びや成長を阻害してしまうかもしれないというところに、教育における大事な知恵を見出されているのでしょうね。[14]

**黒柳**　スタッフの言葉の持つ影響力は、生徒にもよるところがありますね。初期のメンバーたちであれば、興味がなければ「そんなん全然興味ない」というように、すぐにノーと言えるという信頼が、私たちの方にもあると思います。でも、入りたての子に同じよ

(14) 「カリキュラムがないから、サドベリー教育では、読み書き計算など基本的なリテラシーが身につかないのではないか」といった疑問を抱く読者もいるかもしれない。だが、サドベリー教育においては、通常の学校教育とは発想の順序が逆である。「子どもたちに必要だと大人が考えた内容を覚えさせる」のではなく、本人がやりたいと思った時点、あるいは必要だと思った時点で学ぶ。サドベリー教育では、必要だと思って学ぶ時の方が、必要性も分からずに学ぶよりもよっぽど効率的に学ぶことができる、個人差はあるものの、生活の中で必要な能力は自然に自分で身につけていくことができると考えられている。

うに声をかけたら、興味があるふりをしてみようかな、というように、少し忖度するところがあるかもしれません。紹介すること自体が全てタブーかというと、人にもよるだろうなというところですね。

## 介入するか——喧嘩をめぐって

**井藤**　それから、スタッフの皆さんが、常日頃の一つひとつの出来事に対する振り返りをどのように行っていらっしゃるのかに興味があります。取材の際に、A君とB君との喧嘩がありましたよね。ああした出来事に対するスタッフの対応について伺ってみたいのです。あれはなかなか激しい喧嘩でしたよね。

——午後のひとときに、小学校高学年のA君と低学年のB君の間で起きた喧嘩でした。外部の私たちにとっては初めてだったので、緊迫感がありましたが、他の子どもたちもスタッフも、冷静に見守る姿勢を貫かれていました。

**苫野**　私たちも取材の立場で、どこまで声をかけていいものか悩みましたよね。

——その後、B君が別の部屋に逃げ込んだところで、スタッフの辻さんが声をかけ、結果的に喧嘩を仲裁することになりました。事態が落ち着いてから、黒柳さんにお話を伺ったところ、彼らが実は兄弟であり、そのような喧嘩は珍しいものではなく、皆それとなく様子を見守っていたのだということがわかり、私たちとしてもそういうことだったのかと安心したのを覚えています。取材の後、辻さんから私たちに、喧嘩への介入についての振り返りのメールをいただきました。

(15) スタッフの辻佳秀さんからは後日、次のようなメールをいただいた。「あの日の後、自分がどうして介入したくなったかを振り返りました。あの場ではルールが守れていないよということで入っていきましたが、私の気持ちの根本に「二人の対話がうまくいって欲しい」という気持ちがあったと思い至りました。ですが、サドベリースクールにおいては、「対話がうまくいくこと」「うまくいかないこと」どちらに優劣があるわけでもないのです。対話がうまくいこう

**井藤**　スタッフの辻さんのメール[15]を拝読したところでは、黒柳さんとも、あの出来事に関する振り返りというか、どこがよかった、悪かったというようなことについて、かなり話されたのでしょうか。

**黒柳**　そうですね。気持ちを共有してもらいました。今回皆さんに連絡するかどうかも辻と話し合って、「やっぱり伝えたいね」ということでお送りした次第です。

**井藤**　そこでどういうのがあるべき関わりだったのかということについて、スタッフ同士で考え方をシェアされたということなのでしょうか。

**黒柳**　そうですね。辻がAとBにサポートを頼まれたわけではなかったのに、どういう意図で介入したのかという部分について話し合いました。それはスタッフとしてよりは辻の価値観だったのではないか、本人たちが介入を必要としているかどうか確認できていたのか尋ねたところ、できていなかったということだったので、「それを聞けたらよかったかもね」という話をしました。

**井藤**　なるほど。確かに本人たちに間に入ってほしいか聞くというのはわかるのですが、喧嘩の内容がちょっと危険だな、と見ていて思ったのです。蹴ったり殴ったりということをしていて、それを放置するのも危ないのではないかな、と思いまして。そのあたり、ここから一線を越えたら止めざるをえないというラインがあるような気もしたのですが、たとえケガをするとしても、それは二人の問題だ、としてしまっていいのかどうかというところが少し気になりました。

**黒柳**　実は彼らは兄弟だということもあって、多少手が出るくらいなら大丈夫かなと思っ

がいかなかろうが、生徒自身に起こったことを生徒自身がそのまま体験し、その結果を自身で引き受ける（そしてその経験から以降の自身の考えや行動を再構成する）ということが最大限の学びであり権利であるとサドベリースクールでは考えられていると私は思っています。ですので、「対話がうまくいって欲しい」と思いながら介入したことは、生徒の学びを歪ませうる行為で、スタッフとしては非常に未熟だったと反省しました。さらにそもそも本人たちは「うまく対話したい」とは思ってなかったかもしれません。そうであれば本人たちの気持ちをまったく無視した行為だったことにもなります。それも反省点です。私が「対話がうまくいって欲しい」と考えていたこと、でもそれは必要のない考え方だったと思っていることを、数日後に生徒本人に伝えて、介入したことを謝りました」。

ているところはあります。それを小さいうちに経験しておくのもいいかなと思うのです。もちろん、もしナイフを持っているなどということなら別ですよ。でも多少のやったやられたということであれば、そこで感じることもあるのではないかと思います。ただ、私の心が痛むぐらいやり合ってたら、ちょっとやめてほしいとお願いするかもしれません。もう見ていられないとか、聞いているのも苦しいとなったら、「私は見てて苦しいから、場所を変えてくれない？」とお願いするかもしれない。そうすることで空気は変わると思いますし。

**井藤**　徹頭徹尾、「やめなさい」ではなくて、「私がそれを見ていて気持ちがよくないからやめてほしいな」という感じなのですね。あくまで指導ではない。

**黒柳**　それはしませんね。こちらから**やめさせるとすれば、ルール違反をしている場合**[16]です。ルールに反していることについては、やめるように言います。

**井藤**　サドベリーのルールブックの中に「暴力は振るわない」というようなことは書かれてはいないのでしょうか。

**黒柳**　暴力については書かれていませんが、「人の嫌がることはしない[17]」というものがあります。

**井藤**　介入しようと思えば、そのルールブックに照らして介入することもできなくはないのですね。

**黒柳**　「嫌がってると思うよ」というように言うことはできますが、本当に嫌がっているかどうかは、やはり、されている子に聞かないとわからないところがあります。「どう？

(16)
取材時、黒柳さんは、「声が強い人が好きなように過ごせる学校ではいけない。弱い人が訴えられるようにルールがある」と話してくれた。

(17)
「自由」と自分勝手、自由奔放は異なる。この学校は自分の自由と相手の自由を大切にする学校なのであり、互いの自由を尊重し合うことが目指されている。

嫌だ？　やめてほしい？」という確認をした上でなら、「やっぱり嫌がってるよ」と言えますが、もしかしたら、それでも反撃したい、自分の力で何とかしたいんだ、と思っているかもしれないので、そこの確認なく止めるということはしないのです。

**井藤**　本当に先回りをしない。勝手に決めつけない。

**黒柳**　そうですね。価値観を押し付けないのと、先回りをしないということです。それは、**個人のことはその個人にしかわからない、**という思いがあるからです。

**苫野**　それこそ、サドベリーのスタッフの専門性の本質と言えますね。私たちが見習うべき姿勢だと思います。「本人はどう思ってるのかな、聞いてみよう」と、親や教師が少し立ち止まって考えてみる。本当に大事なことですね。

**黒柳**　そうですね。今日、質問項目をいただいて、生徒とも話していたのです。「サドベリースタッフの専門性って何だろうね」と。そうしたら、「やっぱり一人の生徒を、他人として尊重してるところじゃないかな」と彼女は言いました。「他人」と言っ

スタッフも子どもも意見は対等

たのですよね。

多分その子は、自分の影響を及ぼせる所有物ではない、という意味で「他人」と言ったのだと思いますが、**他者は影響を及ぼせる対象ではなく、もう一人の確立された、自分と同じ人間**なんだ、と尊重する考えが元々あるからこそ、先回りもしないし、価値観も押し付けないし、こうあるべきなどというように思わないというところになるのかなと感じます。

**苫野**　全ての教師にとって、その専門性の筆頭に来るべきものだと思いますね。学校は、この民主主義社会の最大の土台です。そして民主主義の大原則は、互いに他者を尊重することです。**他者を尊重できる市民を育てるためには、先生自身が子どもたちを一人の他者として尊重する必要**がある。

**井藤**　専門性というと、何かを知っているとか、何かができるということが専門性だというふうに捉えられがちですよね。板書が上手であるとか、優れた発問ができるとか。そんなふうに、何かができるというプラスの方で考えてしまいますが、「○○をしない」という、相手の価値観を踏みにじら「ない」とか、先回り「しない」という、**抑制する方の専門性**というのはすごく面白いですよね。

## サドベリーマインドを育む

**井藤**　そうした専門性に関して、黒柳さんが、辻さんはじめ後進をどう育てていらっしゃるのかが気になります。スタッフの育成についてはどうお考えでしょうか。

黒柳　辻は、元々サドベリー的なセンスを持っていたと思います。私は辻を後進だとは捉えていなくて、本当に一人の対等なスタッフと思っているので、普通に尊敬して意見を聞くし、相談もするという形です。もちろん相談があれば「私だったらこうするかもしれない」と伝えることもありますが、「育てる」とはあまり思っていませんね。

井藤　なるほど。新しく入ってこられたスタッフにも対等性を認めて、黒柳さんが常日頃の子どもたちと関わっている様子をそのまま見てもらうことで、それ自体がスタッフ養成にもなっているということなのですね。

黒柳　そうですね。何か問題があれば、そのスタッフは継続して雇用されなくなるという仕組み[18]があるので、子どもたちの目を信頼しているという部分もあります。生徒から「もっとこうしてほしい」と注意される場合もありますし、もちろんおかしいなと思ったときは、私から「さっきこういうふうだったけど」と伝えることもあります。ただ、大事にしたいポイントだけは伝えています。子どもたちを信頼するとか、そうしていく中で自他共に尊重できる子に育っていくことが目標だとか。

## 学びの場を自分たちで整える

井藤　今のお話をもう少しお聞かせいただけますか。この話を聞くと、びっくりする読者もおられると思うのです。子どもがスタッフを選ぶということについて、どんなふうにお考えでしょうか。

黒柳　選挙というものを通じて、生徒たちがある意味でスタッフを評価するわけですが、

(18) 後述のように、毎年、次年度のスタッフの採用について、子どもたちの間でミーティングが開かれ、選挙と話し合いを通じて決定される。

そこで私たちも気が引き締まりますし、生徒の方でも選んでいるということを意識し直すタイミングでもあるので、いい機会だと思っています。

**苫野**　生徒たちは、自分たちが学びや成長の主体であることを、より真剣に自覚できますね。

**黒柳**　そうですね。**自分の学びの場の環境を、自分が整える**というか。そこにも自分の責任があるということ。それが、学びの主体は自分自身だと思うところにもつながると思っています。

**苫野**　スタッフとしてはどんな気持ちなのでしょうか。穿った見方をすると、人気取りみたいなことをやってしまいたくなるような気もするのですが（笑）。

**黒柳**　そうはなりませんね（笑）。例えばこっそりおやつをくれるスタッフがいたとしても、多分生徒たちはもう少し違うところで見ていると思います。納得できる形でサポートしてくれるかどうかとか、人間的に尊敬できる人かどうかとか、そういうところでスタッフを見ていると思います。

**苫野**　なるほど。私たちが選ばれる側になった時、子どもたちにおもねらなきゃなんて考えてしまうとしたら、それは子どもをバカにした考えですよね。

**井藤**　それは、思春期だろうと何だろうと、信頼できるのでしょうか。うわべの好き嫌いだけでなく、中学生くらいだと、中二病というか、「大人の存在そのものが無理」という時期もあると思うのですが、その時でも、根っこの信頼感はスタッフと子どもたちの間で形成できていて、表面上の好き嫌いでは見ていないと言えそうでしょうか。

**黒柳**　そうですね。そこは信頼しています。色々な時期がありますが、それでもやはり心の一番根っこの部分というのは、本当に美しいと思いますし、そこに対しては信頼しています。**信頼していなければ信頼されない**だろうなとも思います。

**苫野**　異年齢で生活しているのも、大事という気がします。同学年でずっといると、その空気に染まらざるをえないところはあるかもしれませんが、例えば年下の子がいると、自分は年上としてしっかりしよう、みたいなことも思うでしょうし。

**黒柳**　お互いに見て感じているという点はあると思います。それから、選挙の方法が票だけではないという部分も大きいのかもしれないと思いました。票であれば、事前に話を合わせておいて、数さえ取ればいいという話になるかもしれませんが、投票の後に話し合いもあるので、どうして駄目という決断をしたのかなどに対して話し合うとなった時に、ただのうわべだけのものだとしたら説得力がありません。現在は投票はやめて、話し合いで決めています。やはり話し合いというのは本音のやり取りですよね。現在は投票はやめて、話し合いで決めています。結局、投票をやった後に話し合うなら、最初から話し合いで決めたらいいじゃないかということになりました。「スタッフ候補者の誰々について、今から決めます」という感じで話し合っているようです。私はその場にいられないので、ミーティングの様子もわからないのですが。

**井藤**　なるほど。次年度のスタッフの採用に関するミーティングに、黒柳さんは入らないということなのですね。

**黒柳**　はい、入れません。もちろん面接も入れないので、他のスタッフがどんな面接を受けてどんなことを言ったかもわからなくて、「面接の記録を見せてもらえますか」と生徒に言ったら、「そのスタッフが見られると嫌かもしれないから、許可を得てから返事するわ」と言われて、本人に許可を得てから読ませてもらうなどということもあります。

**苫野**　学校教育の本質を改めて考えさせられる話です。90年代頃から、学校には保護者の消費者マインドが持ち込まれるようになったと言われています。学校も教師も、教育サービスの提供者として見られるようになったと。だから、学校や先生を選択する権利が叫ばれる。でも、サドベリーのスタッフ選びを、そんな消費社会の文脈で捉えてはいけませんね。あくまでも、自分たちのコミュニティを自分たちで作る、そんな「市民」を育む場なのだということを徹底されていますね。公立学校の子どもたちが先生の採用を決めるというのはさすがにできませんが、学校運営に何らかの形で関わっていくということについては、参考にできることがあるのではないかと思います。

**井藤**　学び場という意味では、建物も特徴的[19]でした。目的に合わせて分かれていて、でも有機的につながっている印象を受けました。あれも自分たちで決めていくのでしょうか。

**黒柳**　そうですね、それについては、スタッフの意見も入っています。もちろん生徒が入れるミーティングの中で決めていきますが、インテリア委員というスタッフが、部屋に関する要望を生徒から募集しながら決めているというのが実際のところですね。一人で静かに過ごせる場所が欲しいとか、大人数が集まれる場所が欲しいとか、ダンスの部屋が欲しいとか。そういうことを拾い集めて、それとスタッフの思いとのミックスでできています。

(19) シードームの建物を見て驚かされたは、それがいわゆる「学校」的なものではなく、家のようであった点である。そうした文字通り家庭的な雰囲気の中で互いを尊重するセンスが磨かれてゆくのであろう。

**井藤**　じゃあ、その都度、ダンスをしたい人がいたらダンスルームを作るというふうに、日々変わっていくというか、使い方は変化していくということなのですね。固定されていない。

**黒柳**　そう、固定されていません。前に見学に来ていただいた時にダンスルームだった部屋が、次の時には別の部屋になっているという可能性はあります。

**井藤**　そこがまずすごい。自分たちにとって一番居心地のいい空間をみんなで作り上げているというのは、あの場にいても伝わってきました。バンドをみんなでやっているときなど、居心地のいい場で活動しているのがよくわかったので、子どもたちが出来合いのものの中にいるのではなくて、場づくり自体にも主体的に関わって、当事者意識を持って空間を作っていたのだなということに、今、黒柳さんの話を聞いて、はっとさせられました。

**黒柳**　そうですね。生徒のニーズに合わせたものになるので、人が変わればニーズが変わり、間取りも、置くものも自然と変わっていきます。

**苫野**　こうやってお話をしていると、また行きたい気持ちがふつふつとわいてきました。何よりあのたくましい子どもたちに、また会いたい、また話がしたいと思います。

**黒柳**　ぜひぜひ、お越しください。楽しみにしています。

**苫野・井藤**　本当にありがとうございました。

# 第4章

## 横浜シュタイナー学園

### 子どもは自分の課題をもって生まれてくる

**所在地**　横浜市緑区霧が丘3丁目1-20

**設　立**　2005年

**児童生徒数**　142人（2023年10月現在）

**URL**　https://yokohama-steiner.jp/

## 学校概要

横浜シュタイナー学園は、シュタイナー教育を実践する全日制の小中一貫校。２００５年に開校し、ユネスコの理念を実現する学校として、２０１１年にはユネスコスクールに認定された。

シュタイナー教育は、オーストリア・ハンガリー帝国領生まれの思想家ルドルフ・シュタイナー（Steiner, Rudolf １８６１-１９２５）によって生み出された教育実践である。モンテッソーリ教育などと並び、オルタナティブ教育の代表格として知られる。彼の教育理論に基づくシュタイナー学校（自由ヴァルドルフ学校）は、今から１００年以上前、１９１９年にドイツのシュトゥットガルトに設立され、近年では世界規模で急増しており、その数は世界60カ国以上で１１００校を数える。関連図書も数多く出版され、特に幼児教育界においてシュタイナーの教育実践は広く受容されている。シュタイナーは自ら構築したアントロポゾフィー（人智学）[1]をもとに、教育・芸術・医学・農学・社会問題など様々な分野にわたって独自の理論を展開しており、カンディンスキー、クレー、ボイスなど現代を代表する芸術家たちにも大きな影響を与えた。

シュタイナー教育の最大の特徴は、実践の至るところに芸術が浸透している点にある。ただし、シュタイナー学校は芸術を教える学校（音楽学校や美術学校）ではない。子どもたちはすべての教科を芸術的に学んでいるのである。算数が芸術的に教えられ、国語が芸術的に教えられ、理科が芸術的に教えられる。シュタイナー学校では絵画的な要素だけで

（1）ドイツ語表記は〝Anthroposophie〟。「人間」を意味するギリシア語〝anthropos〟と叡智を意味する〝sophia〟を合わせたもので、「人間の叡智」の意。自然科学と精神科学を統合し、人間を肉体だけでなく、心魂や精神を持つ存在として捉える精神運動。

なく、音楽も重視され、すべての教科で音楽が取り入れられている。

シュタイナー学校のカリキュラムを支えるのが、エポック授業である。エポック授業とは午前中の約100分間、主要科目のうち同じ1つの科目を集中的に3~4週間学び続ける授業形式である。主要科目以外（体育、外国語など）は「専科」の時間帯に毎日少しずつ学んでいく。シュタイナー学校では教科書を使用せず、エポックノート（エポック授業で使用されるノート）が教科書代わりとなる。学習内容をノートに書き込む中で、子どもたちは自らの手で教科書を作り上げていく。エポック授業においては1つの科目を約1ヶ月間連続で学び続けるため、例えば理科のエポックが終わった後、次に理科のターンが回ってくるのは数ヵ月後ということになる。その間に学んだ内容を忘れてしまうことが危惧されるが、シュタイナー教育ではそもそも忘れること自体をネガティブに捉えてはいない。学んだ知識を一旦忘れて、醸成する。その期間に子どもたちの学びが深められていくと考えられているのだ。忘れることを大事にしているため、この学校にはテストが存在しない。いかに多くの知識を知っているか、あるいは問題を早く正確に解けるかが重要なのではなく、物事を深くじっくりと学び、知識を本当に自分のものにすることが求められているのである。また、シュタイナー学校では8年間一貫担任制が採用されている。1年生から8年生（中学2年生）まで、原則1人の教師がクラスを担当する。8年間という一まとまりは、シュタイナーの発達理論に基づいており、彼は子ども期に信頼できる大人に従う体験が必要だと考えていた。

シュタイナー教育はしばしば「自由な教育」だと誤解される。テストがなく、教科書もなく、通知表もない。詰め込み教育とはおよそ正反対であるため、自由放任のイメージで理解されることが多い。だが、シュタイナー教育は「自由への教育」を標榜しているのであって、決して「自由な教育」なのではない点に注意が必要である。

## 学校訪問記

JR横浜線の十日市場駅からバスや徒歩でアクセスできる横浜シュタイナー学園は、全国のシュタイナー学校の中では比較的街中に位置している。長い桜並木の幹線道路に面した3階建ての校舎では1~6年生が、少し駅寄りの別の校舎で7~9年生が学ぶ。道を一筋入れば、新興の閑静な住宅街が広がり、四季折々の変化を楽しめる里山の自然も程近い。

事務局に続く扉から迎え入れられ、教師の朝の会に同席させてもらった。机の上に灯された小さなキャンドルの火を、5人の教師が囲む。シュタイナーの『魂の暦』[2]から、この週の詩が日本語で、続いて英語、ドイツ語で読み上げられ、それから皆で手を繋いで輪となり、忙しない朝のほんのひととき、教師たちは心を一つにする。

朝の会が終わると、長井先生は階段を駆け上がって、3年生の教室に向かった。明るい橙色に塗られた教室で、登校してきた生徒はまず先生のところに行き、握手をしてご挨拶。全18名のクラスで、この日の欠席者は1人。皆集まったところで、輪になって朝の集いが始まる。まずは朝の挨拶。続いて詩が読み上げられる。日直の2人が最近あった小さな出来事について話し、それから曜日ごとに担当が決まっている子が、自分の詩[3]を唱える。輪

(2)
Rudolf Steiner, *Anthroposophischer Seelenkalender:52 Wochensprüche*, Rudolf Steiner Verlag, Dornach(Schweiz), 1912-1913/2016(高橋巌訳『魂のこよみ』ちくま文庫、2004年、および秦理絵子訳『新訳 魂のこよみ』イザラ書房、2003年)。

(3)
先生がそれまでの学びのモチーフを用いた詩を一人ひとりに合わせて贈ったもの。

になってお手玉を中央のカゴに入れたり、フォークダンスのようにペアを入れ替わるリズム遊びをしたりして、たっぷりと身体を動かす。

実はすでに朝の会から連続的にエポック授業は始まっていて、こうして30分以上かけて子どもたちの心身が整ったところで、いよいよ座学の授業に入る。この日は数のエポック。12×12までの掛け算を習った子どもたちは、お話を通して、より複雑な数式を作る練習に取り組んでいた。お話と言っても、「花子さんがお買い物に行く」というようないわゆる文章題ではない。長井先生が語る「マテ国」という王国の物語の一場面だ。すでに2年生の頃から子どもたちはこの王国に親しんでおり、数字との出会いも加減乗除も、一貫して王国の登場人物の振る舞いを通して学んできた。この日は、マティス王の誕生日のお祝いの場面。王国の12の村から300人ずつ駆け付け、お城の人たちと皆で森の広場に泊まることになった。王様家族を除いて、全員を4つのグループに分けるが……云々。子どもたちはまず先生の語りを聞いて場面を思い浮かべ、それからエポックノートに取り掛かる。先生の指示のもと、縦に置いたB4サイズのノートを上下半分、さらにそれぞれを横に3等分、子どもたちは緑色のブロッククレヨンを使ってフリーハンドで横線を引き、6行の罫線を作る。うまくすっと引ける子もいれば、幅が狭くなったり曲がったり、線の数が足りなかったりと困る子もいて、先生は机の間を回りながら、一人ひとりのノートを覗く。できた子から、今度は今日のお話と数式を、先生の見本と同じ文章になるように、色鉛筆を使ってノートに書き取っていく。この日は絵を描くまで至らなかったが、線と文や式だけでもとてもカラフルで、皆同じものを描こうとしているのに、それぞれのノートに個性が溢れているのが印象的だった。最後にお話の時間があり、続けて読まれている旧約聖書の「カインとアベル」の物語が先生から語られた。子どもたちは耳をすませ、時にハッと息を呑んで話に引き込まれていた。

この日の2、3限は連続で「手仕事」の授業だった。一般的な「家庭科」にも似ているが、運針や編み物を一通り学んでおしまいという類とはわけが違う。「手仕事」はシュタイナー教育のカリキュラムで1年生から9年生まで必修科目とされ、特別な意味を持たされている。思考したことを現実に行動に変えていく力を準備するために、編み物などのリズムを伴う意味ある動きや、正しくできる喜びなどを通して、一つの作品をやり遂げ、衝動を意志へと育んでいく大切な時間とされるのだ(4)。授業には、手仕事専科の野村先生と三品先生の2名の教師が入り、子どもたちはお互いの顔と作業が見えるように、椅子を円に並べて車座になって各々の作業を進めていく。この学期の課題は、棒針を使った羊の編みぐるみ、色鉛筆袋、コースター。うまく編み目が作れないと、円の12時と6時の位置に座っている先生方のところに行って、質問したり、解いて直してもらったりする。一人で黙々と編み進める子、ひと針ひと針先生に確認しに行く子、毛糸を体に絡ませて友達にちょっかいを出す子など様々で、先生方は絶えず個々の子どもたちのレベルの要望に応えて手を動かしつつ、手の止まっている子にも優しく声をかけていた。2時間連続の手作業となれば、8、9歳の子どもには集中力を持続しがたいものだろうが、先生方の辛抱強く静かな見守りが安心できる重しになって、授業空間を成り立たしめているようだった。

3限が終わると、待ちに待ったお昼の時間。教室の自席で長井先生も一緒にお弁当を広

(4) 栁本瑞枝「喜びに満ちた意味のある繰り返し ~手仕事という教科より~」NPO法人横浜シュタイナー学園『野ばら』第26号を参照。毎回、手仕事の授業の最初に、子どもたちは次の詩を唱える。「わたしの手あなたの手/手は動く手は働く/わたしの手もあなたの手も/みんなを助ける/わたしたちの手はこの世界で/未来のために働く/わたしたちのこの手の仕事が/世界を変える/世界を動かす」。

げ、先生が食べ終わると、『ちいさいモモちゃん』のお話の読み聞かせが始まり、子どもたちは表情をくるくる変えながら耳を傾けていた。それから掃除の時間があって、昼休み。午後の4限目は体育の時間で、徒歩で10分ほどの体育館に出かけ、手繋ぎ鬼や尻尾取りで、男の子も女の子も先生も一緒になって元気に走り回っていた。この学年の頃の体育は、球技や競走など、競い合ったり身体の特定の動きを強いたりするようなものではなく、クラスで遊びを通して身体全体を動かすことを重んじているとのことだった。

教室に戻って、最後に帰りの会が行われた。日直が司会をし、「今日の良かったこと」を聞くと、はい、はいと子どもたちから次々に手が挙がった。

シュタイナー教育で、9歳は自分と周囲が離れていく年齢として重要視されるが、長井クラスの3年生は、メンバーの変わらない長い付き合いの中で、それぞれの成長の進度を柔らかく受け止め合いながら、共に育っている雰囲気があった。先生の卓上のコップに刺さった小さな葉には、「ゆず」と「みらい」と名付けられたアゲハの幼虫がいた。いずれ蛹になって授業中に羽化したら、教室を美しく飛び回るだろう、と長井先生は話してくれたが、その目には、18人の子どもたちが蝶のようにメタモルフォーゼを遂げていく姿が見通されているようだった。

# ナビゲーター紹介

## 長井麻美（ながい・まみ）

大学生時代に『ミュンヘンの小学生』という本との出合いからシュタイナー教育を知る。

1986年渡独。1989年アラーヌス芸術専門大学絵画科卒業後、キールにあるシュタイナー学校教員養成ゼミナールで座学と教育実習を修め、1991年帰国。その後都内の私立学校に12年間勤務しながら、横浜でシュタイナー土曜クラス講師を務める。2002年春に20名ほどの仲間と共に「横浜にシュタイナー学園をつくる会」を立ち上げ、学校設立の準備に関わる。2005年横浜シュタイナー学園創立と同時に1期生担任となる。担任として1期生、6期生の卒業を見届けた後、現在16期生を受け持っている。

# 横浜シュタイナー学園に至るまで

（聞き手：小木曽）

**――まずは先生のご来歴を伺い、実践に当たられる先生の眼差しに迫れればと思います。先生ご自身は最初、シュタイナー教育にどのように出合われたのでしょうか。**

**長井**　高校は女子美術大学の附属だったのですが、絵が好きだったので、創作の方に行くのかなとぼんやり思っていました。でも、作品作りというのはすごく孤独だなと思っていて、ただアトリエにこもって何か描いたり作ったりするよりは、人と関わる仕事がしたいなと、大学の進路を決める頃に、なんとなくイメージが浮かび始めました。そこで、大好きだった高校の油絵の先生に、「歌って踊れる教師になりたい」と大宣言したのが、最初です。その頃は、シュタイナー教育の存在すら知らない状態でした。

その後、大学の教育学部に行って、美術専攻で小学校全科の免許も取れるというところで学んでいたのですが、大学1年の春休み、女子美術大学の版画科に進学していた高校時代の友人から、ある版画家の先生が、芸大や武蔵美などの色々な美術大学の学生を連れてヨーロッパに美術研修に行くというツアーがあるから一緒に行かないか、と誘われました。

それが生まれて初めての海外で、親にお金をもらっての貧乏旅行でしたが、ツアーで10日間ぐらい、ヨーロッパの美術館やアートを色々巡って。その先生がドイツの版画家と仲が良かったのか、中でもドイツに入念に滞在しました。そこでミュンヘンなど、シュタイナー学校があるようなところを、知らずにあちこち行っていました。帰国して、ヨーロッパは良かったな、などと思っているところで、本屋さんで『ミュンヘンの小学生』[5]を見かけたのです。ミュンヘンに行ってきたばかりというのと、小学校の教育についてこれから勉強するんだという意気込みがあったところで、そのタイトルにとても惹かれて、内容はまったくわからないままに手に取って、それを読んだのがはじめでした。

**――シュタイナー教育というより、そのタイトルとの出合いがあったのですね。**

**長井** 本当に何気なく、何が書いてるかも知らずに買ってしまって、読んでみて「ええ、こんな学校があるんだ」というのが、もう本当に最初の衝撃的な出合いでした。

**――どのような驚きがあったのでしょうか。**

**長井** まずは、担任がずっと変わらない、8年生まで1つのクラスを持ち上がっていく[6]というのを読んだ時に、これは無理でしょう、私ならできないと思いましたね。最初は共感だけでなくて、そうした疑問もたくさん感じました。いいなと思ったのは、やはりテストがないことや、宿題の内容にしてもすごく生き生きとしたもので、漢字を100回書いてきなさいなどというのではなくて、家に帰って自分の食べた物がどのぐらいでこなれるか研究してきなさいというような、自分が能動的でないと答えが出ないような宿題が出されているところや、また演劇があるようなところなど、子安文さんの小学生時代に、お母さんの子安美知子さんが初めてシュタイナー学校の保護者となって驚いている姿を、私も一緒に読みながら驚いたり、いいなと思ったりしました。

**――芸術的な要素というよりは、小学校教育としての驚きがあったわけですね。**

(5)
子安美知子著。日本におけるシュタイナー教育の受容に決定的な影響を及ぼした作品(中公新書、1975年)。

(6)
シュタイナー教育では、1年生から8年生までの間、同じ1人の担任のもとで、学びを深めていくことが目指されている。現代ではその時々の状況に合わせて、8年を待たず担任が変わることもある。

**長井**　そうですね。芸術を大事にするというところはそもそもとても共感できるところだったので、そこは本当にすんなりと入ってきました。最初の授業が字を書いたり覚えたりするのではなくて、フォルメン[7]といって、形をかたどるところから始まるというのも、「うん、わかるわかる」という感じだったので、そこは私が目指したいものと似ているなと思いました。

　でもやはり衝撃的だったのは、担任が変わらないこと。大人だって完全な人間はいないし、どの子にも合っている先生なんているとは思えなかったのです。1人の担任と8年も一緒に暮らしていたら何か偏りができるのではないか。大学生の頃は、そんなふうに率直に感じていました。

**――「歌って踊れる教師」になりたいという宣言もありました。**

**長井**　女子美の高校に進学して、最初は女子校ということが嫌だったのですが、そこで私の隠されていた、歌いたい、踊りたいというような思いが一気に開花してしまって(笑)。本当に、誰にも遠慮せずに、行事で歌ったり踊ったり。仮装大会もありましたし、運動会もただの体育祭でなくて、応援合戦がすごく趣向を凝らしたものでした。

　その当時は、その行事に先頭を切って入っていってなんぼというような学校生活で、男子がいないからすべて自分たちでなんでもやるというのが逆に自由な感じで。そこから、歌って踊って、教科書なんて使わないで体当たりで勉強できるのはいいなあと。若気の至りですが。それでなんとなく、自分の中のキャッチフレーズが、「歌って踊れる教師」に。

(7)「フォルメン線描」は、名詞フォルム（Form）の複数形と、動詞 zeichnen（線で描く／素描する）が組み合わさったもので、しばしば略して「フォルメン」と呼ばれる。フォルメンは、1年生から4年生まで行われ、線描の際にはクレヨンが使用される。フォルメンの授業の中で、子どもたちは直線、曲線、図形や模様など世界の様々な形を描く。

――教科書を使わないスタイルというのは、その時点ですでに感覚として持っておられたのですね。

**長井**　そうみたいですね。高校の頃はまだ知りませんでしたが、ちょうどその頃、日本でも、教科書を使わない、開放的な教育実践が話題になっていて、大学で勉強する中で知って、見学にも行きました。日本でも色々な実践があるということがわかった上で、ヴァルドルフ教育[8]はそれらとはまた違うなと思いました。すぐには飛び込めないけれど何か惹かれる、無理と言って切り捨てるには何かもったいない、というような。

## ドイツへの旅立ち

――大学卒業後は、どのような道を歩まれたのでしょうか。

**長井**　大学を卒業して、自分自身もテスト、テストに飽き飽きして、教員採用試験の準備はあまりしなかったのです（笑）。それで、現役の時は見事に落ちました。卒業の時点では決まった学校がなかったのですが、たまたま大学の部活の水泳部の先輩に誘われて、東京都目黒区の公立の小学校の、今でいう特別支援級で、1年更新の講師の助手を2年間しました。今思うと、それはとても勉強になりましたね。自閉症やダウン症のお子さん、色々な発達障害、脳性まひのお子さんもいました。

公立ですから、どんなお子さんも受け入れるので、色々なタイプの困難を抱えた、1年生から6年生までの子どもたちと毎日一緒に過ごすことで、一人ひとりこんなに違うんだなということが体験できました。いわゆる健常の子どもは、何十人一緒にいても「右

(8) シュタイナー教育のこと。1919年、ドイツで最初にできたシュタイナー学校が「自由ヴァルドルフ学校」という名前だったため、この教育はヴァルドルフ教育とも呼ばれる。

フォルメン線描

エポックノート

向け右」と言えばみんな右を向きますが、そういうスペシャルニーズの子どもたちは、一人ひとりがスペシャルニーズなので、まとめてみんなで同じことをさせようなどというこちらの思惑は見事に外れるわけで。本当に個なんだな、子どもたちの発達は個別だなということは、若い教師の時代に思い知ることができて、2年間、すごくいい勉強になりました。散々働きましたが（笑）。

**――2年間、まさに子どもたちの個別性に触れる体験をされたのですね。**

**長井**　エルゼ・クリンク[9]さんという、もう亡くなって久しいのですが、オイリュトミストの大御所のおばあちゃんがいらして、その2年間の間に、その一座がちょうど日本に初公演に来ていたのです。そこに行った時に、同じ大学の女の子と再会して、同じくシュタイナー教育の勉強をしたいメンバーで自主ゼミをやるようになりました。

そこで神田誠一郎[10]さんと一緒になって、その神田くんの紹介で、子安美知子さんを中心に活動してい

(9) Klink, Else（1907-1994）。シュタイナーの妻マリー・シュタイナーから直接オイリュトミーを習った世界的なオイリュトミスト。オイリュトミーについては次頁注(11)を参照。

(10) かんだ・せいいちろう（1961-）。1985〜1990年に、ドイツ・シュトゥットガルト市にあるシュタイナー学校体育教員養成所で学ぶ。NPO法人楠の木学園学園長。

る勉強会に入って行きました。そのサークルの中で一人また一人と若者がドイツやスイス、イギリスに行くわけです。そういう機運が高まっているところだったので、私もこのまま公立の先生になるよりも、若いうちに本場ドイツに行って、シュタイナー学校で見てみないとわからないなと思い始めて、親を説得して留学を決めました。2年間働いて、渡航費ぐらいはなんとか稼いで、生活費は親のすねをかじりましたが、ちょうどバブルの直前ぐらいのレートのいい時期で、そんなに高くはなかったでしょうか、その時代は。ドイツに渡って、そこで5年間学びました。

**――ドイツのどのあたりに行かれたのでしょうか。**

**長井**　最初はボンの近くのアラヌス・ホッホシューレ（Alanus Hochschule）という、ヴァルドルフ・コミュニティの人が作った、色々な分野の芸術が学べる専門大学に行きました。まだ言葉もそんなにできないので、絵を描いていれば通じるかなと、最初はもう当たって砕けろという勢いで絵画科に入って。オイリュトミー[11]、建築、彫刻、演劇など、他の様々な芸術科目もある学校でしたが、そこに3年間通いました。

その次はやはり教員養成だろうと思ったので、はじめは教員養成ゼミナールが開講されているシュトゥットガルトへ行ってみましたが、入る前のインタビューで、始まるなり「日本人は意見を言わなくて困る」と言われたんですね。それまでの日本人の先輩方が苦労されていたのだと思いますが、日本人はわかりにくいというレッテルが既に貼られている状態だとやりにくいなと思っていたところで、たまたまボンの大学の友達で、ドイツの北の方の出身だった子が、彼女の故郷の近くでも教員養成ができるという情報

(11) シュタイナーが妻のマリー・シュタイナーの協力を得て創造した運動芸術。ギリシャ語で、調和ある美をあらわす「オイ」とリズムを表す「リュトモース」とが一つになった言葉で、シュタイナー学校の科目として設定されている。

をくれて、行ってみることにしたのです。

そこはバラックに受講生を集めようとしていた弱小のゼミナールだったので、遠い東の国から来た日本人にもウェルカムで、とても喜ばれたのです。その学校の良いところとして、座学を1年した後で、2年目はどこかのシュタイナー学校で1年間実習ができるという特典がありました。やはり実習ありきだと思っていたので、ちょうどベルリンの壁が崩壊する年でしたが、キールというところで2年間過ごしました。最初の1年はキールで座学をし、次の1年はキールから電車で30分ぐらい、さらにデンマーク寄りに北へ上がったレンツブルクという街の、北ドイツではかなり歴史のあるシュタイナー学校に配属されました。そこで1年間、色々な学年を見せていただくことになります。高学年の美術と低学年の授業をタームごとに見て、慣れてきたら授業もさせていただくという形で入りました。そこで本当に8年間担任をしている先生と子どもとの関係性を見ることができて、「ああ、こういうことなのか」というのがわかってきました。

## 8年間一貫担任を肌で感じる

**――「ああ、こういうこと」というのをもう少し教えていただけますか。無理だと思われていたものが実際に可能なのがわかったということでしょうか。**

**長井**　そうです。私が配属された年の8年生、最終学年の担任のクラスの先生は、女性の先生で、すごくいい方でした。本当に人間的に素晴らしい方で。8年ぐらいになると、もう男の子たちは雨後のたけのこのように大きくなっていて、先生がその子たちの中に

「おはよう」と握手を求めて入っていくと、埋もれて見えなくなるほどでした。でも、みんな大きくなって、先生のことを見下ろしてはいるのですが、その目は本当に「慕っています、先生」という目をしているのです。14、5歳の子どもたちがそういう顔をして、お母さん以上の関係を、本当に自然で温かい関係を築いているのを目の当たりにしました。そうかと思うと、その年の6年生で、もう5回り目という大ベテランのおじいちゃん先生がいらして。8年が5回りだから、40年。

**——すごいですね、大ベテラン。**

**長井**　そう、その彼の最後の一回りが学級崩壊で終わっていたのです。大変な学級崩壊でした。その先生はキールの学校の講師もしていらして、ゼミナールの先生としては素晴らしくて、シュタイナーはいつどこで何を言った、というようなことが空で何でも言えるようなすごい方でした。

でも、60歳を過ぎて、子どもたちは6年生なので11歳から12歳。その頃の子どもたちの心がまったくわからなくなっていたのです。

黒板絵

全然、子どもたちの心を掌握できていなかった。シュタイナーの言ったことについては自信を持っていても、目の前の子どもたちが何を感じているか、考えているかについてはわかろうとしなかったし、何かというと戦時中の話が出てくる。「このレンツブルクも瓦礫の山だった」などと昔の話をすると、子どもたちも「またか」と飽き飽きしていたり、先生が黒板に向かってテキストを書いている間にニンジンを出して食べたり、私が授業を見学していても、いたずらばかり。結局その先生は6年の終わりで病気休暇を取ってそのままお辞めになって。それでますますクラスが荒れて、しばらく本当に無法地帯みたいになっていました。

いったん私が日本に帰ってから次の年の夏休みに訪ねたら、まったくの新人の、30代ぐらいの女性の先生がその荒れたクラスを引き受けて、あっという間に元の平和なクラスに戻っていた、というのも見ました。ベテランだから子どもたちを把握できるというのではないし、本当に生物《なまもの》だなというのをつくづく実習時代に感じたのは良い体験でした。

**――うまくいっているクラスも、悲しい状態になったクラスも、両方を本当に身をもって体験されたのが伝わってきました。そこに1年おられてから帰国されるのですね。**

**長井**　そうです。あと少し残るように言ってくれた方もいたのですが、やはり一刻も早く日本に戻って、実践できる状況になりたいと思っていたので帰ることにしました。

## 日本での経験

――日本に戻られて、いかがでしたか。

**長井**　日本とヨーロッパは年度の区切りが全く違うので、夏に帰ってきて秋からは無職でフラフラしていました。そんな折に、当時、私立学校の教師をしていた大学時代の友達に、「教師のための勉強会がある」と誘われて行ってみたのが、JR中央線の三鷹にあった、亀村五郎さんという方の私塾でした。

亀村先生は、成蹊小学校で校長先生まで務められてから、ご自分の退職金でマンションを借りて、色々な教育書や研究書を全面本棚のようにして、教師のための塾のようなものをやっておられました。公立私立問わず、若い先生たちが実践の悩みを相談したり、その先生の経験を聞いて現場で試した報告をしたりという意見交換の場になっていたのです。夕方6時半から8時半まで、週に2回のどちらかに参加して。その先生が素晴らしく良い先生でした。つづり方教育を極めた方で、子どもたちに日記を書いてもらってその日記をお互い読み合ったり、文章にしたりすることで共に成長する、というのを信条とされていて、子どもたちが日記を書くことで自分の身の回りのことを知って、深く考えることにつなげるという、シュタイナー教育にはない、また別の良い視点だと思いました。人間的にも素晴らしい方だったので、本当にほれ込んでいました。

亀村先生ご自身は一切シュタイナー教育をご存じないのに、子どもの見方や、おっしゃることがシュタイナー教育とほとんど同じだったのです。「シュタイナー」と銘を打たなくても、本当に子どものことを考えていれば、おのずと考える道筋や方向性は同じになるのだな」というように感じた、私にとって外せない出会いでした。

**――日本でも、シュタイナー教育に通底する良い出会いがあったのですね。**

**長井**　その方に私学の職場を紹介していただき、そこに結局12年間いることになりました。

**――ドイツでのシュタイナー教育の訓練を踏まえつつ、まずそこで勤務されるのですね。**

**長井**　その当時、日本には、東京シュタイナーシューレ(12)しかシュタイナー学校がなく、そこにもちろん知り合いがいましたし、京田辺(13)に新しく学校ができる話もあって、誘ってくださる話もありましたが、まずはとにかく、今、日本の教育がどんなふうなのか、公立ではなく私立ではあるけれど、教科書を使って、44、5人の大きいクラスで何年か担任教員としてやっていきたいと思ったのです。キリスト教の学校で、学園長さんはシスターの方でしたが、「私は実はシュタイナー学校というところで教師をしたいと思っているので、大変申し訳ありませんがここは腰掛けなんです」と正直にお話しして、その上で採用していただいたので、ありがたかったです。それで12年間。

**――スパンをすごく大きく置いていらっしゃいますね。シュタイナー学校という目的はしっかり定まっているのに、直接向かうのではなく、日本の教育を先に知ってご自身がとことん体験しきってからというふうに思われたのですね。**

**長井**　それだけ、シュタイナー教育はやはりハードルが高いと思いました。8年間担任ということも含め、自分の中で納得できない部分、というか、本当には腑《ふ》に落ちてこない部分も多々ありました。そもそもシュタイナー教育の原点となるアントロポゾフィーの

**(12)** 学校法人シュタイナー学園（神奈川県相模原市）の前身、東京シュタイナーシューレは1987年に設立されたアジア初・日本初のシュタイナー学校。シュタイナー学園の実践については井藤元『マンガでやさしくわかるシュタイナー教育』（日本能率協会マネジメントセンター、2019年）、学校法人シュタイナー学園編『シュタイナー学園のエポック授業――12年間の学びの成り立ち』（せせらぎ出版、2012年）などを参照。

**(13)** NPO法人京田辺シュタイナー学校。京都府京田辺市にある同校は2001年に設立され、NPO法人立として日本で初めてユネスコスクールに認定された。京田辺シュタイナー学校の実践については、NPO法人京田辺シュタイナー学校編『親と先生でつくる学校――京田辺シュタイナー

人間の考え方というのが、最初はとてもキリスト教的に感じられて、自分にとって異質なものが求められているという不安もありましたし、そこに飛び込むには機が熟していないという感覚がありました。

私立学校に勤めているうちに、シュタイナーの土曜クラス[14]という出合いがあり、学校の休みの土曜日に子どもたちに水彩を教えるというようなことを少しずつ始めることができて、それが6、7年続いた頃に、横浜で学校を作ろうという話も出てきたのです。私の中でそれはとても自然な流れでした。自分の中でようやく納得ができる、一歩踏み出すならこっちだな、と思えたのです。これからできるものを一緒にみんなで作っていくというのが私には合っていると思いました。

**——先生はいつでも身をもって飛び込んで行かれて、機が開かれていくのを待ち、そうすると自然と道が開けていく。そういうお話をお聞かせいただいたように思います。**

**長井** 語ってみるとそうですね。なんとなくね。

**——ありがとうございます。ここからは、井藤さん、苫野さんからいかがでしょうか。**

## 人間は一回だけの存在か

**苫野** 先ほど、シュタイナー教育に腑に落ちないところが長らくあったとおっしゃっていましたが、それを今はどんなふうに感じていらっしゃるか、お聞かせいただけますか。

**長井** 教育を志す人はどこかにずっと「人間ってなんだろう?」ということを思いながらやっていくのだと思います。高校時代の英語の先生に、授業よりも彼女のライフスタイ

学校 12年間の学び』(せせらぎ出版、2015年)などを参照。

(14) シュタイナー教育の土曜学校。公立、私立の学校に通う子どもたちがシュタイナー教育を受けることのできる場。

ル自体が面白いような方がいて、その先生が突然授業中に「私ね、最近わかったことがあるの。輪廻転生はないから」とおっしゃったのです、いきなり（笑）。みんなぽかんとして、私もぽかんとしましたが、それがなぜかとてもショックでした。投げかけられた言葉が正しいか正しくないかは別として、何かが揺さぶられたというか、人間とはどんな存在なのかということを、その先生にパンパンッと言われて、私は違うと思いながらも、その時は何も言えませんでした。でも、すごく刺さっていたのです。

それで、その刺さっていたものが、シュタイナー教育を学んでいくうちにまた浮上してきて、人間はただ一回だけの存在だというあの先生の言葉に対して違うと自分が思った方向と、シュタイナーが言っていることは何か似ているような気がする、でも、そこに飛び込むのも危うい気がする、と思いました。生まれ変わりという考え方に基づいて教育をするとはどういうことなのだろうというのが、何だかあまりピンと来なくて。避けてはいけない部分なのだろうけれど、自分の中でまだよくわからない、もやもやして気持ちが悪い、という感じで、若い頃はそこにすごく引っかかっていました。

**苫野**　今はどうなのでしょうか。

**長井**　シュタイナーの『一般人間学』(15)などを何度も読んでみるうちに、**人間がただ一度の存在ではないということが根底になければ、ここまで本気になって子どもを教えるということはない**のではないかと思うようになったので、教育という意味において、現時点ではかなり納得しています。単に先人の文化を教えて同じようにできるようになる人を育てることが教育なのではなくて、一人ひとりまったく違う課題やハードルが目の前に

(15) シュタイナー教育を学ぶ上での重要文献。訳書は、新田義之訳『教育の基礎となる一般人間学』（イザラ書房、2003年）、高橋巖訳『教育の基礎としての一般人間学――ルドルフ・シュタイナー教育講座①』（筑摩書房、1989年）などがある。

あって、その課題があるから生まれてきているのだという考えの方が、納得できるのではないかと。子どもたちと一緒に過ごして、最近は学校で教員養成にも関わるようになって、さらにシュタイナーの本を読み込んでいくうちに、本当にじわじわと、実感が確かなものになっていっている感じがします。

**苫野**　なるほど。シュタイナー教育では、子どもたちの「生命」そのものに深く目を向ける。そうすると、子どもとの関わりもより深いものになっていく。そんな感じなのでしょうか。

## 人生の課題を応援すること

**長井**　そう理想的には行きませんけどね。日々キーッとなっています(笑)。私は、横浜シュタイナー学園の1期生の担任を9年間[16]させていただいて、それが終わる年にちょうど同僚が家庭の事情で外国に行くことになって、そのクラスを引き継いで5年生の担任になりました。5年間その子たちと付き合った後で、今は3クラス目が丸2年終わったというところです[17]。コロナ休みもあったので、この子たちとの付き合いはまだ丸々2年はありませんが、これまで本当に色々な子に出会わせていただいていますし、クラスとしても宿命や運命があるようです。1期生と6期生は全然違うし、6期生と今の16期生もまた全然違う。時代も違うし、子どもも違うし、背景も違うし、その中で一人ひとりがやはり何か課題を持って生まれてきているのだなと思わされます。

**苫野**　その中で、今、感じておられるシュタイナー教育の魅力や、これぞシュタイナー教

(16)
シュタイナー学校では、基本的に8年間一貫担任制を採用しているが、横浜シュタイナー学園は小・中9年間の教育であるため、担任は9年間一つのクラスを担当する。

(17)
最初のインタビューは16期生が2年生を終えた春休みに行われた。取材にはその後、3年生の6月に行かせていただいた。

育の最大の本質だ、というようなものはどこにあるでしょう。

**長井**　教師は、子どもたち一人ひとりが自分の課題に向き合うためのエネルギーというか、力というか、道具というか、そういったものを蓄えるためのお手伝いをさせていただいているのだという、スタンスの部分でしょうか。教員養成でも重々言うのは、**教師は、自分よりも優れた人物になる人の子ども時代と付き合うことになるかもしれない、自分と同じ人に育てようと思ってはいけない**、ということです。

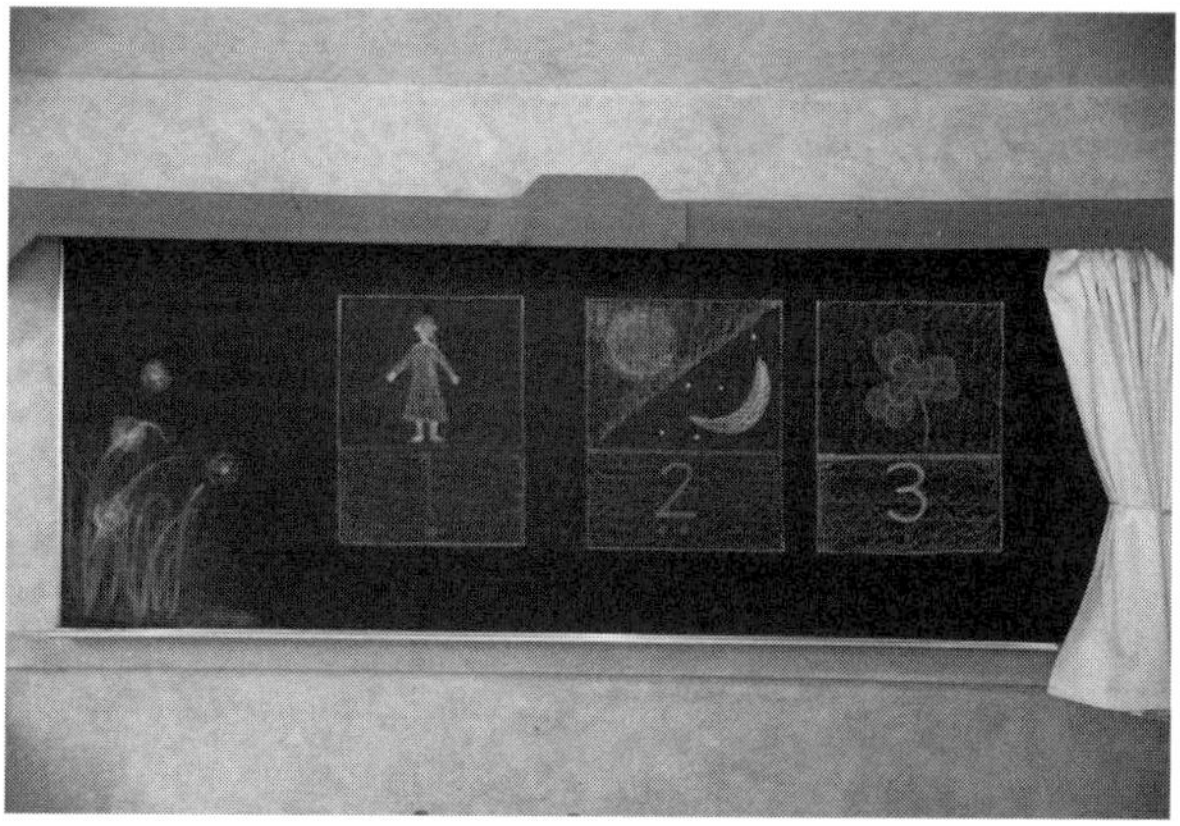

1年生の数の学び

自分自身も限界のある人間でありつつ、その思いとしてはすごく遠くを見ていて、**この一人ひとりの中にある人生の課題が全うできるように応援する**ためにこの学校があり、こういうメソッドがあるのだと思って子どもの前に立つと、こちらの一方的な期待や、自己中心的な考え方から解き放たれる。そこでこそ本当の教育が生まれるということを、多分、シュタイナーは何度も言っているのだと思います。その通りに実践することはなかなか簡単にはできませんが、そう思いながら過ごすことで何かしら子どものメッセージを受け取れる。私もしょっちゅう子どもをしかっていますが、彼も苦しんでいるんだろうなあ、自分の前にでこぼこ道があって、そこにどうやって進んだらいいだろうと本当に躊躇しているのだろうな、と、夕方や夜になると「ああ、今日は怒鳴っちゃってごめんね」と思うこともあります(笑)。そう思える教師であることが、シュタイナー学校の教師ならではのところではないかと思います。

**苫野**　そうやって毎日ご自身を振り返り、子どもたちの生命、人生と向き合おうとされている先生の存在を知ることは、この本を読む若い読者にとっても、とても大きいことではないかと思います。

## シュタイナー学校の教師になる前に

**井藤**　本当にそうですね。若い人、という意味では、大学を卒業してすぐに、例えば22歳などの年齢で、ストレートでシュタイナー学校の先生の道に入る人はほぼいないのではないでしょうか。

**長井**　日本ではまだいないと思いますね。

**井藤**　長井先生の先ほどのお話のように、人生経験をある程度積んだり、様々な困難に立ち向かって課題を乗り越えたりというように、ある種の機が熟すまで、シュタイナー学校の先生にはなかなかなれない、あるいは、なるべきではないのでしょうか。大学時代にシュタイナー教育の本を読んで、シュタイナー学校の先生が魅力的だ、じゃあなろう、とストレートで志すのは必ずしも幸福なことではないのか。その辺りどうお考えでしょうか。

**長井**　たまに希望する方はいます。そういう時、横浜シュタイナー学園の方針としては、「どれほど深く学んでいるか」とか、「子どもに接する経験はあった方がいい」ということで、まず学童の先生[18]を勧めますね。何かしらの経験を積み、その中で私共の教員養成講座[19]も受講し、日常的に学童保育のお兄さんお姉さんをして、実践と学びとの両方で少しずつイメージを掴んでもらう。子どもたちは生きているので、イメージを掴めない人には任せられませんから。つい3月まで大学で講義を受けていた人に任せるのは難しいかもしれません。

**井藤**　それは8年間一貫担任制という仕組みとも関連するのでしょうか。1、2年で交代するなら、失敗しつつも周りがサポートしていくということが効くかもしれませんが、大事な1年生のスタートの時点で、新任の先生がうまく子どもたちと関係性を築けずに、そこから8年間というのはなかなか難しい。そういった仕組みとの兼ね合いもあるでしょうか。

**長井**　そういう仕組みに対する本当の覚悟ができているかというところかと思いますね。やはり大学を卒業したての学生さんが、そこまでイメージするのは難しいことだと思います。今、1年生の先生としてこの授業をする、ということの意味深さや、それが9年後のこれにつながっていく、というようなイメージですね。**低学年の重要性がどの程度身に染みているかによって、子どもたちに浸透するものは本当に違う**ので、まだそこまでの覚悟やイメージができていない大人がいきなり子どもたちの目の前に立つというの

**(18)** わが国のシュタイナー教育の現場において、若くしてシュタイナー学校の教壇に立っている者は、まずは放課後や長期休み中の学校内の学童保育の担当教員として一定期間シュタイナー学校に関わり、子どもたちの様子や学校の方針を理解してから、正規の教員になるというケースが多い。

**(19)** 現在、横浜シュタイナー学園主催の教員養成講座をはじめ、日本各地でシュタイナー教育の教員養成講座が開講されている。わが国の教員養成の実態に関しては、井藤元『教育芸術を担う シュタイナー学校の教師たち』（ナカニシヤ出版、2023年）を参照。

は、誰も考えつかないかなと思います。

**井藤**　単に教員養成を受けて、シュタイナーの著作を読んで知識を得るというだけではないわけですね。シュタイナー的な子どもとの関わり方をまず学童などで身をもって学んでもらう、と。

**長井**　放課後の子どもたちと学校の時間の子どもたちとでも違いますが、それでも子どもたちが目の前で生きて、色々なことを考えたり、遊んだり、喧嘩したりしているのを本当に目の当たりにしてみないことには始まりません。それは、おそらく公立の学校の先生であっても、経験なく子どもたちの中に飛び込むというのはとても大変なことだと思うのです。公立でもシュタイナー学校でも関係なく、できるなら3、4週間の実習だけではなくて、1、2年は実習を積んだ方がいいだろうと思います。

**井藤**　教員として子どもをいかに深く理解できているかが求められるのは、この教育に限らないことなのかもしれませんね。

**苫野**　シュタイナー教育では、教師の存在はとても大きなものとして捉えられていますが、他方で、大人も完璧なわけではないから、子どもたちと一緒に学んで成長していくという考え方も、とても大切なことだと思います。長井先生は、その辺りのことをどうお考えでしょうか。

**長井**　苦手分野がたくさんあってもいいし、私にしても、本当に至らないことばかりです。至らない先生でもいいけれど、やはり常に努力して、よりよく、**今日より明日がより良い教師であるように努力する**ということころでしょうか。

**苫野**　そうした日々の努力の中で、特に低学年の場合、教師は子どもたちの模倣の対象、つまり手本でもあらねばならない。先生方はそこをどう意識されていますか。

**長井**　大人同士で見ていても、どのような人が子どもたちの手本になるかということはわからないものです。それでもやはり**謙虚であること、真摯であること**は、大人同士でもある程度見極められると思います。

**苫野**　なるほど。単に所作において手本になるというような話ではなくて、先ほどもおっしゃっていた、子どもたちが生まれてきたことへのリスペクトというか、そういったもののこそが重要なのですね。すごく本質的なお話をいただけたと思います。

**井藤**　先生方が子どもの魂に対して畏敬の念を持って接しておられるからこそ、子どもはその先生が尊敬できるのだなというのが伝わって、とても納得感がありました。

**——先生がこれまでに培われてきた人間観を通して、シュタイナー学校の先生に求められる模倣の対象としての「権威」が、子どもと同じ一人の魂としての真摯さに裏打ちされたものであることを教えていただきました。ありがとうございます。**

## 横浜シュタイナー学園の実践で感じること

——では、ここからは取材をもとにお話を伺っていきたいと思います。長井先生の3年生クラスのほか、他学年のオイリュトミーや練習[20]の授業などを見せていただき、とても

(20) シュタイナー教育における「練習」の時間は、漢字の練習、算数の計算問題の演習、幾何の作図など、エポック授業の内容に合わせて自由に使うことができる時間となっている。

良い体験でした。

**苫野**　改めて、シュタイナー教育の空気感が好きだなと思いました。子どもたちが、まずはしっかり守られていて、安心しながら育つという、シュタイナー教育独特の安心感に支えられた空間。

**井藤**　他の3校と比べて、シュタイナー学校の場合は特に、授業を見せていただいてる間、お邪魔してしまっている、という感覚が拭えませんでした。この温かくて、しかも閉じられた、その先生の作り上げられた空間の中で、子どもたちがじっくりと時間をかけて学んでいる、その場の空気を壊してしまっているのではないかと感じたのです。

## 守られた学びの空間

**井藤**　私たちが行ったことによって、子どもたちの雰囲気がいつもと違ったかどうかや、先生ご自身もやりづらい点があったかなど、その辺りいかがでしょうか。

**長井**　やはり教室の中で行われる授業は、ほとんど見学者を入れないスタイルなので、子どもたちが気にしてしまうというのはありますね。年に1回はそれぞれの子の誕生会の時に親御さんをご招待して、授業参観ができるようにしていますが、それがたまたま続くことがあると、やはり子どもたちも落ち着きません。ただ、例えば3年生は稲作の学び(21)が1年間ありますが、田植えや藁をなったり、お米をお釜で炊いたりというのを外部の方や保護者の皆さんが世話してくださいます。そのような屋外の授業は、和気藹々と、一緒に授業をしていただくことも当たり前というか、そうでないと困るという感じです

(21) 1年を通じての米づくりは、日本の風土・生活と季節の変化を肌で感じ、手足の活動を通して身体性を培い、同時に社会性を身につけていく学びとなっている。

ね。毎日の、閉じた空間の落ち着いた授業の場合は、低学年だとやはり、本当にとても守られている状態なので、普段いない人が教室にいると、授業に集中するのは難しいかなというところでしょうか。

**井藤**　いつもの時間の枠で、いつものメンバーと、外の世界と遮断された空間の中で、学びを深めていくことがすごく重要なのでしょうね。するとやはり、その空気感が大切に形作られているからこそ、それにうまく乗っていけない子どもたちが出てきたらどうするのかも気になります。先生としてどう働きかけるのか。というのも、取材の際に、一部のお子さんで手仕事の作業中に注意がそれてしまうことがあったと思いますが、うまく閉じられた空間の中で、その空気感が壊されてしまうような場合、先生方はどうされているのでしょうか。

3年生の稲作の学び

**長井**　私のクラスの場合、1年生の最初の頃は本当に大変でした。コロナの年でしたし、クラスの空気感を子どもたちと一緒に作り上げるというところまでなかなかいかなかったのです。入学式も6月になってしまいましたし、スタートがゆるゆると始まったのでなかなか大変でしたが、3年生になってからだいぶ、あれでも整ってきたところです。それでもやはり、それぞれが色々な課題を持っていて、一つのことにずっと集中できずにおしゃべりしてしまったり、ウロウロしてしまったりということがあるので、手仕事の時間は先生2人体制で、手厚く見てもらっていますが、それでもギャーギャーやっていますね。

上級生の手仕事の時間

**苫野**　私が感じたのは、先生方が大きな愛、と言っていいのか、そんな温かさをもって子どもたちと接していらしたことでした。抱きしめて、落ち着きを取り戻しながら、一緒に寄り添っていくというような姿勢でしたね。他方で、シュタイナー教育だからこその葛藤も、もしかしたらあるのかなとは感じました。あの空気感から飛び出してしまった子たちが、どこに自分を置けばいいのかわからなくなるということもあるのかなと。

**長井**　時代的にそのような子どもたちも増えているのではないでしょうか。時代の特質として、また周囲の環境によっても、早期に目覚めさせられたり[22]、自ら目覚めてしまったりしている子どもがいる中で、いったん目が覚めた子に眠りなさいと言うのは無理なことですから、考えていかなければならないというのはつくづく思いますね。

**苫野**　あの空間は、本当に守られた、温かでゆったりとした、パステルカラーのような暖色系の空間。言わば、幼少期における半分夢の中のような世界。けれども、一歩外に出れば、刺激的なゲームや情報がたくさんあって、それに触れてしまうわけですよね。目覚めてしまうというのはそういうことですよね。

　これまでは多分、シュタイナー教育をぜひ味わいたいという保護者が、思いを共有して子どもを通わせていたことが多かったと思うのです。でも、だんだんシュタイナー教育以外にも選択肢ができてくると、選ぶ側がオルタナティブの一つとしてシュタイナー教育を選ぶということもありますよね。今までのような、シュタイナー教育のファンだった人たちとは違う、そこまで理解が深くない方も入ってこられるのではないでしょうか。そういう様々な環境の変化の中で、どこまであの空気感を維持できるのか、維持すべきだとしたらどうしたらいいのか。長井先生のお考えをお聞きできたらと思います。

**長井**　学校によってもそれぞれだと思いますが、横浜シュタイナー学園としては、外の世界からの刺激を与えることを極力少なくしたいと考えているご家庭のお子さんを受け入れていて、それは入学説明会のときから繰り返しお伝えしています。**生活リズムをしっかり整えること**。例えば夜9時とか10時に幼稚園児が寝ているというのだと困ります、と。遅くとも8時には寝かしつけてください、とか、テレビがおうちにある場合は、大

(22) シュタイナー教育において、幼い子どもたちは、「夢見がちな状態」にとどまることで、多くのエネルギーが身体の健全な発達に用いられるようになると考えられている。シュタイナー教育では、特に幼児期において、身体をしっかりと育むことが重視されており、子どもが様々な体験を通じて少しずつ外の世界に目覚めていくことを大切にしている。子どもたちが自ら目覚めていく力を育むために、シュタイナー教育では、早い段階から子どもに知的情報を与えたり、大人と同じような思考や判断を求めたりすることは避けている。

人が見るのはもちろん悪くありませんが、子どもの前では布をかけて、テレビがないかのように生活してくださいとか、事細かに入学説明会で話しています。この学校はメディアから子どもを守る学校[23]であるということを、強めにお話していますね。

**井藤** その世界観を共有することを前提にしているわけですね。

**長井** いろいろ試行錯誤の時期がありました。厳しいことばかり言っていたら共働きのご家庭が通いづらいだろうと、学童の時間を週2、3のところから週5にしたり、時間延長をしてみたり。それで間口を広げてみたはいいけれど、するとシュタイナー教育の理解や、メディアについての理解が共有しづらいご家庭も増えてきて、またちょっと間口を狭くしたりですね。

## 保護者の理解

**井藤** 普段の生活では、各家庭の理解も重要になりますよね。先生方が長い時間をかけてじっくり学んでこられたシュタイナーの理論を、保護者が腑に落ちるまで理解するというのは、なかなか難しいと思うのです。テレビは見せてはいけないとか、夜8時までに寝ないといけないとか、そういった「してはいけない」というところだけがクローズアップされて、禁止の多い学校というところに終始すると、本末転倒になってしまう。保護者にその辺りをわかっていただくために、どのような働きかけをされているのでしょうか。そこは他の学校と比べても特徴的なところかと思うので、先生のお考えをお聞かせいただけたら嬉しいです。

(23) 横浜シュタイナー学園に限らず、シュタイナー教育では、低年齢の子どもにとって、テレビや映像などのデジタルメディアは刺激が大きいために、まだうまく消化できず、子ども自身の中から出てくるイメージの力を妨げると考えられていることから、できる限り子どもをメディアから遠ざけることが望ましいとされる。グレックラー『デジタル時代の子育て――年齢に応じたスマホ・パソコンとのつきあい方』(村田光範監修、イザラ書房、2021年)を参照。

**長井**　はい。横浜でも**保護者向けの学び**は大事に思っています。親御さんに少しでもシュタイナー教育をわかっていただかないと長続きしませんから。入学が決まるのがだいたい11月で、まずは入学前の準備の保護者会というのを1月~3月に2回、計4時間くらい行います。担任の教員が、保護者に向けて、1回目はシュタイナー教育の1年生の最初の授業の重要さ、2回目では生活リズムを整えることなどについて説明するのです。

入学後は、保護者オリエンテーションや、保護者会が1学期につき3回か4回あって、その中で読書会なども行っています。『シュタイナー教育の実践[24]』というシュタイナーの講演録を一緒に読みながら、0歳と7歳と14歳では身体の仕組みがこういうふうに違う、だから0歳から7歳の間にメディアに触れさせないことにはこういう意義があるという話もして、できるだけ禁止事項に聞こえないように、なぜ望ましくないか、ではどういう工夫ができるか、そういったことを保護者会で話し合う時間を持っています。あとは個々に保護者の疑問や悩みにお答えする中に、シュタイナー教育ではこういうふうに考えていますというのを、とにかくお伝えしなければ、といつも考えています。

**井藤**　保護者が納得できるところまで理解していないと、家で実行する中でしんどくなってしまう部分があるでしょうね。そこが保護者として、シュタイナー教育との向き合い方が、かなり問われてくるところかと思います。先生に言われたからと鵜呑みにするのではなくて、親自身がシュタイナーの視点を一つの参照枠として持っておきながら、それが本当に自分の子どもたちにとってどういう意味を持つのだろうかということを絶えず問い続けるような視点が求められるのかなと感じました。

(24) シュタイナー著、西川隆範訳、イザラ書房、1994年。

**長井**　親御さんは、幸いに子どもがいます。例えば、昨日までテレビを見ていたとします。でも教師に勧められて、テレビを子どもの前で見るのをやめ、テレビは今日から使えなくなったよと言って布をかけました。

1週間ぐらいは見たいと言うかもしれませんが、そのうちに子どもはテレビを見ていた時間に別のことをしはじめます。自分で絵を描いたり、何かを作ったり、お母さんのお料理のお手伝いをしたり。そこで豊かな会話が生まれます。子どもたちが落ち着きます。それを、保護者は見ることができるんですね。なるほど、この子はテレビで取られていた時間をこんなふうにクリエイティブに使えるようになって、しかも落ち着いてきた、というのを実感できるわけです。シュタイナー教育の何たるかを親が100パーセント知っていないといけないという縛りはありませんが、実際に子どもが変わっていくのがわかるという、その感受性がある親御さんだったら、一緒にやっていけると思います。

**井藤**　そこですよね。シュタイナーの考え方を、まずは信頼して試してみるというか。

**長井**　そう。やってみて子どもが変わるので、なるほどな、この方が心地いいなと思える。ある低学年のご家庭で、お母さんがすごく熱心にここに入れたいと思って入学して、お父さんは無理に引っ張られてきたというような親御さんがおられました。最初、お父さんは、息子は今までテレビを見ていたのに、見せてあげられなくて不憫だ、というようなことをおっしゃっていました。

でも、とりあえず1ヶ月、おうちのテレビに布をかけてみるということを試していただいたら、シュタイナー教育のシの字もわからなかったお父さんが、「いや、子どもが変わりましてね」と。自分の子どもの様子が変わったので、ここでいこうと覚悟をお決めになって、今もすごく熱心に送り迎えをしてくださっています。そういうところなのではないかなと思います。

**井藤**　そこで何か実感できた親御さんというのは、強いですね。

**苫野**　ちなみに親は別にテレビを見てもいい、とおっしゃっていましたっけ。

**長井**　子どもが7時に自分の部屋に入って寝てしまったら、お父さんは別に野球など見てもいいんですよ。

**苫野**　基本、お子さんたちは見ないようにするということなのですね。今はみんなネット動画を見ますが、そういうのも、もちろんそうですよね？

**長井**　もちろん。たまに、テレビを見てはいけないなら動画ならいいのかという方がおられますが、いやいや、全部、メディアというもの全部ですとお伝えします。

## シュタイナー教師の佇まい

**苫野**　映像メディアとの付き合い方については、読者の中でも賛否が分かれるところかもしれません。でも、子どもたちが安心しながら育っている、あのシュタイナー教育独特の安心感を実現しているのは、やはり揺るぎない芯が先生方の中にあるからなのだろうなと改めて感じました。

**長井**　そうですね。シュタイナー教育を実践しようと思った理由は、教師それぞれだと思いますが、私も含めてどの教師にも、人間のありように真摯に向かったシュタイナーの人間観、世界観に対する絶対的な信頼があるのだと思います。今現場に立っている者たちが皆、それぞれの人生の中でシュタイナーの人間観に出合って、これは本物だと確信したのでやってきた。

この人間観を知ろうとする時に最初に洗礼を受けるのは、人間は、この今の、現世だけの存在ではない、という考え方ですね。生まれ変わり[25]という発想自体は、アジア系の文化の人たちにとっては、それほど違和感のあるものではありませんが、100年前のドイツでは相当、異端児だったのだろうと思います。教育というのは、この世の中に生まれてくる前の魂に行われてきたものの続き[26]であって、それを来世につなげられるように送り出すという、**中間地点として委託された仕事**なのだ、という考え方。それはもう、本当に壮大なイメージで。

**苫野**　それが、シュタイナー教育の先生方の使命感を支えている人間観なのですね。

**長井**　恐れ多くもそういうお手伝いをさせてもらっているというような謙虚さも必要ですし、そこに自信というか、間違いないという確信も同時に求められますね。もちろんそういう考え方を信じないといけないわけではなくて、共感するかどうかは一人ひとりの問題ですし、自分なりのアプローチの仕方は100%保証されていると思います。

ただ、そういう突き詰めたらすごく壮大なイメージというところから、私たちの空気感とおっしゃってくださるものが生まれてくるとしか思えないところはありますね。例えば子どもやクラスに問題が起こったような時に、どうすればすぐに改善できるかとい

(25) シュタイナー思想において、人生は、地上のライフサイクルだけでは完結しないと考えられている。なぜならば、一回の人生だけでは人間は理想の人間にまで成長することができないからである。転生することにより、長い時間をかけて徐々に理想の人間に近づいていくことができるとシュタイナーは考えていた。

(26) シュタイナー思想におけるライフサイクルの内実については、西平直『魂のライフサイクル――ユング・ウィルバー・シュタイナー［増補新版］』、東京大学出版会、2010年を参照。

う手だてを考えるというのではなくて、**長い目で見ないとわからないことがある**と考える。今こういう状態であるというのを見守りつつ、その子の生まれてから死ぬまでのスパン、もう少し見られる人は、生まれる前までを想定することができるのが、この教育の良さだと思います。**対症療法ではない**。自分たち教師一人ひとりが何か子どもに影響を与えるすごい先生になる必要もないというか、なろうと頑張らなくても、真摯であればいいというか。

**苫野** なるほど。シュタイナー学校の先生方は、相当高邁な人格のレベルが求められると思っていましたが、ということはそれほど気負いすぎる必要もないのでしょうか。

**長井** ないと思います。むしろ自分で何でもできると思わないというか。時間に任せることもあるでしょうし、関係性に任せるということもあるでしょうし。天に運を任せる、委ねてみよう、という部分がある。自分一人が頑張って、良い教育をしようということではないと思うのです。同僚たちも皆、同じことを理解しようと努力しているという意味で、お互いが切磋琢磨できているという安心感もありますし、同じ方向を見ているということころは、職場としてすごく楽です。

**井藤** 先生方同士で、一人ひとりの子どもたちの状況を共有して、シュタイナーの枠組みを参考にしながら協力的に対応するということもあるのでしょうね。

**長井** そうですね。毎週、教員会議(27)では一人の子どもを観察しますが、それは問題行動を起こした子どもの今後について考えましょう、という類のものではありません。まずは担任が、今、ある子について皆さんと共有したいです、と1週間前に事前に予告するの

(27) シュタイナー学校では週に一回、通常は木曜日の午後に会議が開かれる。そこでは、教員の任用と配置、カリキュラムの研究と開発、教育活動の評価、教育方針の策定、そして学校の日常活動の管理など、様々なことが話し合われる。

です。そうすると、他の教師も、来週はあの子だなと思いながら、他のクラスの子であったり、自分が専科で見ていない子であったりしても、何となく校舎内で気がつくと注意を向けることになります。

教員会議では、毎回20分と決めて、それを2回、2週にわたって話し合いますが、1回目の会議で、まず担任が、その子の外見や生い立ち、家族構成、最近の傾向などの全てを描写して、その子どものことをよく知らない先生がその場にいたとしても、その子どもがありありと目の前に呼び出されて立っていると思えるような、そんな説明の仕方をして、子どもの様子をシェアします。次の週は、専科の先生や、その子の背景に詳しい先生が、その先生の見方を披露していきます。

**苫野**　その子の魂の本質のようなところに皆で触れていこうという感じでしょうか。

**長井**　そうですね。語っていくうちにだんだん、今までその子のこういう部分が気になっていたけれど、それはここから来ているのかもしれない、というような糸口が何となく見つかったり、明日はこういう声掛けしてみようかな、というヒントが見つかったり。何もなくても、皆でそうやって思いを馳せるだけでも、何か意味があるのではないかという部分があって、それは、何か問題行動を起こした子どもの事後策を考えるというような会議では全くない。ありようをそのまま描写する。それにジャッジをしない。その中に、その子どもの本質的な部分や、今、直面している課題が何を意味しているのかというのが浮かび上がってくる。もちろん、今はこの子にとってこういう時期だから、こうやってみんなで観察しながら見守ろうね、というところで終わることも多いですね。

## 発達段階にふさわしい栄養

**井藤**　他の3校との違いを考えた時に、シュタイナー教育で特徴的なのは、発達心理学的な、シュタイナーの人間観に基づいた年齢ごとの成長をとても大切にされている点だと思います。3年生なら米づくりというように、その年齢の子どもに必要なものがあるという視点。体を作るというところから徐々に思考へと向かっていくというような、独自の理論をベースとした一連の流れがあるところが、他と違うポイントだと感じました。先生方の共有されている、そのような発達的な視点についてのお考えを教えていただければと思います。

**長井**　はい。これもやはりシュタイナーの人間観のとても大事なところで、人間の発達の流れを7年周期(28)で見て、第1・7年期、第2・7年期、第3・7年期というふうに、区切って考えていく視点があります。例えば生まれたばかりの子どもと、それから歯が抜け替わったときの子どもと、思春期に入った子どもは、人間的に全く違うもので、同じものを得ようとはしない。そこで、あえて自然に任せるのではなくて、**その時期の子どもの成長に必要な栄養がある**として、それが考え抜かれているわけです。せっかくなら良い環境で、その時期の子どもたちにふさわしい良い栄養を注いであげたいというのが、シュタイナー学校の考え方ではないかと思います。

　もちろん4月生まれから3月生まれまで、1学年の中でも差がありますし、それぞれの進み具合の違いは少し感じますが、その学年のテーマというか、一番必要な栄養というのは、世界中で共通しているわけです。シュタイナー学校の3年生なら、どこでもみ

(28) シュタイナーは人間の発達を7年周期で捉えている。乳幼児期から高校卒業までの教育を支えるシュタイナー教育は、このうち第1・7年期〜第3・7年期の教育を担うものということになる。第1・7年期では信頼できる大人との1対1の関係が大切にされ、第2・7年期ではそれが地域社会へと拡大され、第3・7年期ではさらに人類や世界へと範囲が広がってゆく。

んな家づくり[29]をして、畑を耕して、牛の乳搾りなどをしているという。そういうふうに「世界と出合う」のが3年生だと考えられているのです。

9歳[30]という年齢で、人間は世界とプリミティブに出合う。発達心理学ではギャングエイジなどと言いますが、自我が目覚めはじめて、自分と家族、自分と友達との境界が見えるようになる時期。その境界線を作るということは、自分一人で生きていくことの一つの前触れでもあります。ちょうど旧約聖書で楽園にいたアダムとイブが地上に下された時に、何もかも与えられていた世界から、急に自分で全てを作り出して、自分の身を守らなくてはならなくなったように、人間の育ちで言えば、幼児期に別れを告げて少年期に入っていく時期であり、そこには、やはり不安もあるわけです。

自分はお母さんとは違うということがわかって、でもじゃあどうしたらいいの、自分は何なのというふうに不安になるところを、クラスのみんなと一緒に、人間の営みを最初からやってみようと。どうやって食べ物を作ったのかとか、どうやって自分たちが身にまとうものや製品を作りあげたのか、というのをやっていくことによって、3年生の不安な気持ちに対して、逆に「こうやってできるんだ」「自分はできるようになるぞ」という力が与えられて、一人ひとりが自信を持ってその垣根を乗り越えていくと考えるわけです。

**井藤**　ありがとうございます。シュタイナー学校では一斉授業というか、先生が発信したものを子どもたちが受けとるというスタイルを重んじていますが、やはり**その学年のテーマ、同じ栄養を必要としている仲間と一緒に学んでいくことの大切さ**があるわけです

(29)
「家づくり」では、実際に学校の敷地内に子どもたちが小さな家を建てる。家づくりという課題を通じて子どもたちはこの世界には自分を守ってくれる場所・自分が生きる場所があるのだということ、それを自分の力で作り出せるのだということを実感することができる。

(30)
シュタイナー教育において、自他の区別がついていく9歳は大きな節目の年齢とされており、「9歳の危機」などと呼ばれる。ひとたびその一線を越えたら後戻りできないポイントとして、ユリウス・カエサルが命令に背いて軍を率いて渡った故事になぞらえ、「ルビコン川を渡る」とも表現される。

ね。個の魂を重視しつつも、同じテーマを共有する人たちと一緒に学んでいくことの意味を感じました。それが特に８年生劇(31)やオイリュトミーなど、集団でやることの中で際立つものもあるのだろうなと思います。それは、苫野さんのおっしゃる個別化、協同化という方向でイメージされるものと違うのかもしれないけれど、また個別的であって協同的であるような学びだなと改めて感じます。

**苫野**　そうですね。シュタイナー教育は、井藤さんがおっしゃるように、一見、一斉授業っぽく見える。でもそれはごく表面のことで、その底には、まず徹底した「個の尊重」がある。そして、そのためには一人ひとりが〝みんな〟の中で守られている必要があるという自覚がある。そういう意味で個別的であって協同的であると言えるのかなと思います。

**井藤**　シュタイナー教育の場合、個を大切にするというのが、もちろんその場その場で、子どもの言葉を受け取るという部分もありますが、それだけでなく視点として、一人ひとりの子どもの魂は人智を超えた、

オイリュトミーの様子

(31) シュタイナー学校では８年生と12年生の節目には、学びの集大成として、クラス全員参加の演劇が行われる。

すごく大きな畏敬の対象になるものなので、ケースカンファレンスみたいに、たくさんの先生の視点で、皆で捉えていこうとする。その視点を持った上で、担任の先生が個々の子どもに接していく、というような仕方ですよね。だから個の学びといっても、ただ子どもに任せるのではなくて、教師がその個を見る見方の中に個別性がある、その辺が肝心なのだなと思います。

**苫野**　まなざしですね、本当に。シュタイナー教育の本質は、まさに先生方が一人ひとりの子どもに向けるまなざしに現れているのだろうと思います。「個の尊重」と言っても、それは孤立した個人として尊重するということではない。人智を超えた魂として、と言ってもいいのでしょうが、もう少し世俗的に言えば、一人ひとりはつながりの中で個人であるということ。そのことが大切にされている。それが、私がいつもシュタイナー教育に感じる心地よさの本質なのかなと思いました。個人として自立せよ、みたいなメッセージが、世間一般ではわりとあると思うのです。でも、つながりの中で大切にされる経験をたっぷり積んでいこうというシュタイナー教育のまなざしというのは、改めてとても重要だと思います。

**長井**　そうですね。個と集団のバランスというのは、教育の中ではとても大事ですし、集団で学ぶからこそやはり学校は必要なのだと思います。知識だけ伸ばせばいいのなら、今は本当にタブレット1枚で何でも学べると思いますが、プロジェクトを一緒にやるとか、何かについて一緒に学んでいくということで個々が活きますし、クラスというのはすごく大事だと思いますね。

## 一斉授業と一人ひとりの個性

**苫野**　私自身は、もう長いこと、みんなで同じことを同じペースでとか、決められたことを決められた通りにという今までの学びのあり方を、「学びの個別化・協同化・プロジェクト化の融合」へと転換していこうということを言い続けて、多くの学校や先生方とそうした実践を蓄積してきました。一人ひとり、自分に合った学び方やペースは違うので、こういったものをできるだけ個別化していこうというのは、その一つのベースとなるアイデアです。他方、シュタイナー教育は、先ほども少し話に出たように、そのアイデアには一見、少し馴染まない感じもする。でも、お話を伺っていて、取材時の、クラスの雰囲気に同調しない子たちへの先生方の対応は、馴染まないどころか、このアイデアそのものだったのではないかと思いました。無理やりこの空間の中に入り込まないと駄目、ではなくて、この子には、今はこういう関わり方が大事という形で、個別的に関わっていらっしゃったんじゃないかと。この辺りの感触、長井先生はどんな感じをお持ちでしょうか。

**長井**　幸い、私が今受け持っているクラスの子どもは、本当にバラエティに富んでいて、画一的な授業を許さない。もっと自分に合った授業をしてほしいというようなサインをたくさん出してくるので、やりがいがあります。先日ご覧になったような、座ったままの授業もありますし、私のクラスは、２学期は稲作もありましたし、今は家づくりもしているので、朝の会をしてから、みんなでヘルメットをかぶって出かけていきます。
そういう場だと、いつも喧嘩ばかりしているような子も本当に熱心に目標に向かって一心不乱に土を掘ったり、ノコギリで竹を切ったりということを脱線せずにきちんとやれているので、やはりそのようなクリエイティブな活動は、どの学年でも必要なのだろうなと思いますね。どこにも指導書がない。誰がどんなふうになっていくのかも、担任ですら最後までわからないっていうシナリオのない授業で、すごいなと思っています。

**苫野**　どんな形態の授業であっても、一人ひとりの個性が花開いていくために、どうしたらいいかということをいつも考えておられるわけですね。

**長井**　そうですね。やはり一人ひとりが、今育ちのどの辺りにいるのかというのは、いつも気になりますね。それからクラスの育ちも。**色々な人がいるのを心地良いと思えるようなクラス作り**もすごく大事で、**その中で子どもたち一人ひとりが、伸び伸びと自分の課題を抱えながら育つのが良い**と思っています。両方大事ですね。個も大事だし、クラス全体の雰囲気も大事。

## シュタイナー教育のエッセンス

**井藤**　ここまでに話してくださったような教師の姿勢は、シュタイナー教育的なマインドセットさえきちんと深く理解できていれば、必ずしもその看板を掲げなくても実践することは可能だと言えるのでしょうか。これから教員を目指している学生たちが、そのマインドセットだけでも頭の片隅に置いておくことで、教育実践への関わり方が豊かになるような視点もあるのではないかと思うところがあります。

**長井**　水彩の体験(32)をされるとわかると思いますが、こんな絵を描こうとか、こんなふうに

(32) シュタイナー教育における代表的な水彩の実践は、ぬらし絵である（「にじみ絵」とも呼ばれる）。これは、水を含ませた画用紙に透明水彩を置いていく実践で、幼児期から低学年、中学年まで行われる。画用紙は水をたっぷりと含んでいるため、画用紙に絵筆を置くと、色彩がにじみながら描き手の意図しない形に広がっていく。

色を広げようとか、こんなものを作ろうと思ってやると、大抵満足しないことになる。色に語らせたり、形がおのずから方向性を見つけていくのに任せたり、ただ無心に、あまりこうしてやろうと思わずに、筆に絵の具をつけて広げた時ほど、色が美しく広がるのではないかと思います。教員養成では彫塑の体験もしてもらいますが、それも手のひらと粘土との間の対話と言えます。

手のひらが、こんなふうにしてやろうと思って引っ張ったり、ちぎったりというのではなくて、粘土が、ここは抑えたがっているなとか、ここは引っ張ってもらいたがっているなというのを感じながら、気がついたら形が変わっていくという。それと似ていると思いますが、目の前にいるこの子をこういうふうにしようとか、ここが悪いから、そうならないようにしようというふうに、**教育者側が、恣意的に何かをしようとしなければ、子どもたちの方から、こうなりたいんだよというのが、おのずと見えてくる。**その対話はどこの学校でもできると思いますね。

**苫野** 私たち大人の方が、「おのずから」を妨げてしまうことはしばしばありますね。

**長井** 教育の一番根底にあるのは、どこか高いところからいただいた使命をそのままお手伝いして、次に渡すという気持ちなのかなと思いますが、そこまでの話をしなくても、**自分がこうしようと思わないで、子どもがどうしたいのかをお手伝いする**ということが一番大事かなと思います。

**苫野** シュタイナー教育の真髄のように感じます。シュタイナー教育は、決して単なるメソッドではない。まさに、子どもたちのおのずからがあり、その内なる育ちがどうしたら最大限発揮できるかを考える、という順番なのですね。メソッドが先ではない。

**長井**　どうしたらというのは、後からわかってくることですね。授業は先生が一生懸命考えて、そう簡単に達成できないようになっていますが、子どもたちはそこから学ぶのがすごく好きです。それぞれがその子の課題を一生懸命頑張っていて、字がきれいに書ける子もいれば、一つひとつの字を整えて書くことが難しい子もいる。でも、みんなが「よし頑張るぞ」という気持ちで、自分の課題に向かってくれるような授業がどうしたらできるかを考えているように思います。**どの子の課題にも何かしらポイントがあるような授業であること**が、シュタイナー学校の授業では一番望ましいのではないでしょうか。

**苫野**　すると、シュタイナーのメソッドや理論を、時代や地域に合わせてアップデートするという可能性もあるのでしょうか。

**長井**　もちろんそれはありますよね。そもそもシュタイナーはドイツの人だし、100年前の人で、多分今ドイツでも、シュタイナーさんの時代と同じ授業はしていないと思います。ましてや日本という文化の違いがあり、さらに日本のシュタイナー学校ができた30年前と今ともまた違う。3年生ではこういうテーマ、6年生はこういうテーマというテーマ性は変わらなくても、いかに、の部分は、どんどん変わっていくと思います。先生によっても違うし、先生が何周もしますよね。私は今のクラスで最後ですが、20代で始めた先生は、もうあと3周ぐらいできます。そうしたら1周目、2周目、3周目のクラスでは、同じエポックを展開するにも違うことをやると思います。

アップデートかどうかはわかりませんが、シュタイナーが示唆したことはグラウンドイメージでしかないので、それをどの国の、どの時代の、誰がやるかということによって全部違っていい。**シュタイナー学校は指導書がないので、指導書はそれぞれの教師が作る。**だから、どうやっていこうか、どういう展開にしようか、動物学にしても、どの動物を選ぼうか、何でそれを選ぶのかというのを自分で突き詰めて授業準備をしていくので、常にアップデートだと思います。

**井藤**　シュタイナーが示したグラウンドイメージが、先生方の実践を通して、現代もなお生きたものとして成長を続けているのですね。では最後に、今、教員を目指している学生たちが、教育現場に立つ上で、学生時代にもし何か準備を行っていくとしたら、どんな準備を行っておくとよいでしょうか。

**長井**　準備ね。やはり色々な学校のことを知るのはいいことなのではないでしょうか。日本でも、今のいわゆる公立の普通の教育ではない方法を実践している学校はたくさんありますから、それについて学ぶというのは、考える材料をそろえるのにはいいと思います。仮にシュタイナーの先生になるのだとしても、シュタイナー一辺倒ではつまらないと思いますね。私も大学時代は、他の教育に興味を持って本を読んだり、オープンスクールを見に行ったりしました。長年教育に携わる人としては、色々な教育の形を実際に見たり知ったりして、仮にシュタイナーと正反対の考え方でも、こういう考え方に基づいてやっているのかというのを理解しておく必要があるのではないかと思います。

**井藤**　シュタイナー教育が正しいとか、一番いいとかというよりは、多様な価値観を対等に認めていく、たまたまシュタイナーの考え方に合う方は、それを選べばいいだけ、ということですよね。

**長井**　お子さんによっては、シュタイナー教育がベストではないということもあるのかもしれないということは、よく同僚と話しています。この子は本当は違う可能性もあるのではないか、と。そういう時に色々知らないと、どういう学校がその子に合うかというのはわかりません。私たちはこの教育がいいと思って実践していますが、子どものありようによっては、このメソッドや手順が苦痛だという子もいるかもしれません。

学校の温かい雰囲気は良くても、全体から個に移るというシュタイナー教育の学び方の手順が苦手な子もいます。アスペルガー傾向があったりすると、特性として、細部から始めたいというところがある。馬を全身から描きましょうと言っても、目から描き始めてしまう子もいて、その子はそういう構成をしているのですよね。それを全体からにしなさいと言うのはかわいそうだなと思うので、どういう教育が合っているかというのは、わかっている必要があるのではないでしょうか。

**——本書のコンセプトともまさに合致するコメントをいただけて、大変ありがたいです。長時間にわたってありがとうございました。**

**井藤・苫野**　ありがとうございました。

# 第5章

# 教育観を磨くということ

井藤　元
苫野　一徳
小木曽　由佳

# 4校の旅を終えて

（聞き手：小木曽）

――ここまで4名のナビゲーターにご案内いただき、それぞれの教育実践をめぐる旅をしてきました。本章では、改めて井藤さん、苫野さんの考察を伺っていきたいと思います。まず、本書を企画した井藤さんから口火を切っていただけますか。

**井藤**　はい。そもそも私がこの企画を思いついたきっかけは、大学で教員養成にずっと関わってきて、自分の教育観を疑わないまま、教育現場に出ていく学生が非常に多いのを目の当たりにしてきたことでした。そうして自分が受けてきた教育体験をそのまま再生産していく流れに対して、これでいいのかな、という思いがあったのです。

教育が激変していく今の時代にあって、果たしてそれに対応していけるのか心配なところがあり、まずは特に学部の1年生の段階で、教師を目指して教職課程を履修する学生たちに、自分自身が受けてきた教育を見つめ直し、その価値観を揺さぶって[1]、そこから再構築していくようなきっかけを作れないかな、と思ってきました。けれども1人の力ではなかなかそれが十分果たせない。

そこで、友人であり、同じ教育学の分野で、よりよい教育のために共闘してきた戦友でもある苫野さんに声をかけてみました。何とか今の教員養成の仕組み、教育観を更新することをミッションにした本を作れないかなと、苫野さんをお誘いした次第です。

**苫野**　私も、全く同じ問題意識をずっと持ってきました。私たちの多くは、自分が受けて

(1) 井藤は教職課程用の教科書「ワークで学ぶシリーズ」（ナカニシヤ出版、全7巻）を企画・刊行してきた。本シリーズの特徴は、数多くのマンガ、映画、ドラマなどを参照しながら議論が展開していく点にあるが、本シリーズもまた読者の教育観や子ども観を磨くことを目指したものである。『ワークで学ぶ教育学 増補改訂版』（ナカニシヤ出版、2020年）などを参照。

きた教育しかあまりよく知らないものです。だから、それがある意味正解というか、そういうものだと思ってしまうところがあります。

私は学生たちに、「皆さんがこれまで受けてきた学校教育は、歴史的に見ても国際的に見ても、実は超ローカルなもの。学校教育の可能性をもっともっと広げていくために、より広い教育の世界を知っていってほしい」と折に触れて伝えています。でも、教育学部にしても教職課程にしても、そうした機会がどれくらいあるかというと、少し心配なところがあります。やはり再生産になっている面が本当に多いと思うのです。

## 教育のパラレルワールドを訪ねる意義

**井藤**　「百聞は一見にしかず[2]」なので、教員を志望する学生たちには1日でもいいから本書で紹介したような特色ある学校へ実習に赴いてほしいなと思っていますが、現実的にそれもなかなか難しいものです。苫野さんは普段、教員志望の学生たちにどのような働きかけをしているのでしょうか。

**苫野**　私自身は、教育学部の1年生に、まずは**情報のシャワー**を大量に浴びてもらうことを意識しています。国内外の色んな学校の映像を見てもらったり、インタビューや視察に行ったりして、自分たちが今まで受けてきた教育と全然違う世界があるんだなというのを肌で感じてもらっています。本書もまた、そのための重要な役割を果たしてくれるだろうと思っています。

常々、学生たちにはこんなことを話しています。「皆さんの多くはこれから教師にな

(2) 伊那小学校の学校概要に記したとおり、伊那小では、毎年2月には公開学習指導研究会が開催され、同校の実践に興味がある人は誰でも参加することができる。

るわけだけれども、教師というのは、もちろん、子どもたちの学びと育ちを支えるプロフェッショナルである。と同時に、教育のプロフェッショナルでもある必要がある。教育のプロフェッショナルとはどういうことか。それは次の４つのパースペクティブを自覚的に持っていることである」と。

やはりまずは、①**教育の本質**。「教育はそもそも何のためにあるのか」という哲学的な問いをしっかりと探究し、考え抜くこと。教育というのは、誰もが経験しているものなので、いわゆる「床屋政談」ができてしまう世界です。でも教育のプロフェッショナルは、教育の原理的なところをちゃんと考え抜いていて、論じることができる。これがまずは一番大事。

二つ目は、②**歴史を知る**ということ。公教育だけを見ても、１５０年の歴史があります。そこに至るまでにも、数百年、数千年、ホモ・サピエンス全体を見れば20万年くらいの歴史がある。そういう長いパースペクティブの中で、今の教育を理解する視点ですね。そういう視点を持っていないと、今だけにこだわってしまって、これからを思い描けない。だから歴史を知ることはやはり大事。

三つ目は、③**世界を知る**ということ。日本の教育と世界の教育には、大きく違っているところがたくさんあります。そんな外の世界に目を向ければ、例えば「大学入試がないのもありうるんだ」というように、教育の見え方がいっそう広がってくる。自分たちの立ち位置を、もう少しメタレベルで考えていくことができるようになる。

最後に、④**教育の実証研究を知る**こと。教育界には、「俺たちはこうやってきた」という「根拠、俺」とでもいうような言説が多く見られます。でも、教育のプロフェッショナルは、しっかりとした科学的な研究、つまりある程度一般化できる知見を知っておく必要がある。最新の学習科学や教育心理学、教育社会学などの研究について、専門的な論文を読むとまではいかなくとも、せめて新書レベルぐらいのことは学び続けてほしい。

こういう4つの視点について、全部完璧に精通するのは難しいにしても、意識的に目配りはしてほしいわけです。ちょっと要求が高いかもしれませんが、学生たちにはそれくらいのことを言って、発破をかけたいという思いもあります。

**井藤**　ありがとうございます。本書はまさに「根拠、俺」を壊す本だと思うのです。実証研究に限らず、教育原理にしても歴史的な観点にしても、**教育のパラレルワールドを知って、自分が築き上げてきた世界を相対化する、あるいは別の角度から見てみるというレッスン**にも繋がってくると思うので、「『根拠、俺』だけで突き進むのではなく、ちょっと立ち止まって考えてみよう」と学生たちに呼びかける本になればと願っています。

## ユートピアは存在しない

――井藤さんが教職課程の教員として感じておられたことと、苫野さんが4つのパースペクティブという別の言葉でずっと問題意識として語られてきたことは、多分それぞれの角度から同じことをおっしゃっていたのでしょうね。すると想定する読者としては、まずこれから教師になろうとしている人たち、ということになるでしょうか。

**苫野**　そうですね。でもやはり先生方にも読んでいただきたいと思います。現役の先生が、これでいいのかなとか、今自分は本当に本質的なことをやっているのかなとか、あれ、何のために自分は教師をやっているんだっけとか、ふと感じられることもあるかと思うのです。そういうことに立ち返りたいと思った時に読んでいただきたい本でもあるかもしれません。

ただ、一つ注意が要ると思うのは、インタビューの時にもお話ししたように、**「完璧なユートピアは存在しない」**ということです。保護者の方も、どこかにきっと理想の学校がある、あそこかな、こちらかな、という動きをしすぎると、「孟母三遷」というよりは、単なる右往左往に終わってしまうことの方が多いのではないかと思います。また、親御さんが、「ここが理想の学校に違いない」と我が子を通わせても、何か不満が出てくると、「失望した」などと思ってしまう話も聞きます。でもそれは、ありもしないユートピアを追い求めていただけのことなのかもしれません。

本当に大事なのは、むしろ**足下をどうすればよりよい学校にしていけるか、一緒に作り合っていく**という発想です。本書で紹介した学校も、ユートピアであるわけではない。人間がやっていることだし、教育ってすごく泥くさい営みだから、それぞれの現場は日々色々な問題と格闘しているわけです。それでもなお、より良い学校を目指してみんなで作り合っていく。先生も子どもたちも、保護者も、あるいは地域の人たちもそう。そういうマインドで、この本を読んでもらいたいなと思いますね。

**井藤**　本当にそうですね。「こんなメソッドもありますよ」と、方法論を紹介するような本ではなく、**マインドセットを伝えたい**という趣旨であると言えます。どこにいようがサドベリー的でありうるし、シュタイナー的でありうる。メソッドだけ見たら、「いやこんなの伊那小じゃないからできないよ」とか、「子どもの村じゃないからできないよ」という話になってしまいがちですが、**子どもや授業との向き合い方次第でどこでも実践は可能**なのかなと思うので、自分自身の教育観を見直す時に、常に立ち返ってもらえたらと考えています。

**苫野**　本書に通底するマインドセットをしっかりと押さえておけば、どんな現場でもある程度は実現できる。学校でも、児童館や図書館で子どもたちと関わるのでも、子育てでも、そういう自分の現場に引き寄せて、必ず立ち返るべき本質の部分を、本書からは見つけ出せるはずだと思います。

**――子育てというのも、欠かせない教育現場の一つですね。**

**苫野**　はい。その意味で、教育に関心のあるすべての方に読んでいただきたいですね。

**――本書は、それぞれの教育に潜入するにあたって、そこで実際に教師として働く先生方の視点をお借りすることになりました。**

**井藤**　私達は、本書で取り上げた先生方をカリスマとして崇めたてているわけではなく、実践家たちの何気ない一言のうちに、苫野さんや僕が教育の本質に通じる言葉を拾っていく、という作業をやってきたと思っています。

**――伊那小の田中先生や、子どもの村の前田さんは、お二人と同年代であったようなこともあり、普段本で読む教育実践とは違って、等身大の先生方の視点からお話を伺えたのも魅力的でした。あくまで個別性に深く入り込んで、どういう経緯でその教育の実践**

**者となったか、今その実践をどのように考えておられるかを伺うことで、教育の側面を照らし出すということですよね。**

**苫野**　子どもたちや校長先生、保護者などにもお話を聞くという方法もありえたとは思いますが、今回は、あえて一人の先生にフォーカスすることにしました。深掘りするのは一人の先生。しかし不思議なことに、4人のお話を通して、共通する教育の本質が見えてくる。そういう内容になっているのではないかと思います。

**井藤**　ちゃんと血の通った人にフォーカスを当てて、教育の実践を浮き彫りにしていったということだと思いますね。

4校の旅を終えて（苫野・井藤）

**――そうした中で、今回は北九州子どもの村、伊那小、三河サドベリー、横浜シュタイナーの4校の先生にお願いすることになりました。**

**井藤**　特にその先生方にお願いした理由としては、歴史があって、しかも特色があって、我々の教育観を揺さぶるのに適しているから、というところでしたが……。

**苫野**　ただ尖っているだけではなく、ちゃんと考え抜かれた本質的な教育実践があるというのもポイントでした。

**井藤**　公立も私立もあり、海外発のものも日本発のものもあり。

**苫野**　本当はもっとたくさん取り上げたい学校はありましたが、紙幅の都合上、まず第1弾はこの4校でした。それぞれ色々な特色があって、とても個性的だけれども、根っこは共有されていると考えた4校です。

## 4校を通じて見える教育の本質

**――ありがとうございました。ではまずは、4校において共有されていると思われた根っこの部分について伺っていけたらと思います。**

### 不確実性と失敗への寛容さ

**井藤**　もし教師を目指している学生がこの4校のどこかに配属されるとなった時に、どこに行っても絶対必要だなと思っているのが、**不確実性に開かれている**[3]こと。そこはかなり重要だと思っています。子どもをコントロールせずに委ねて、そこでどう転がっていくかはわからないけれど、それに留まり続けて、口出しをしない、あるいは可能性を信じる。**子どもたちが展開していく流れを信じて待つ**というか。

指導案に沿って授業するというのと正反対の、不確実性を大切にするという面が、多かれ少なかれどの学校にもあったように思います。ある程度カリキュラムの大枠が決ま

(3)　ここで述べられていることは、精神科医の帚木蓬生が紹介した、イギリスの詩人キーツによる「ネガティブ・ケイパビリティ（Negative Capability）」という概念とも通じ合う。不確実さ・不可解さに満ちたこの世界を生き延びてゆく上で必要な力として、ネガティブ・ケイパビリティは近年注目を浴びている（帚木蓬生『ネガティブ・ケイパビリティ　答えの出ない事態に耐える力』、朝日新聞出版社、2017年）。

っているシュタイナー学校においてもそうで、数週間にわたるエポック授業の物語は、テーマは決まっているものの不確実性はある。そこを全部コントロールして自分の予定通り、計画通りにやろうとするとどうしてもうまくいかない。こういうことは、教員養成の中ではあまり強調して伝えていない部分かなと思うのです。

**苫野**　「いかに子どもたちを思いのままにコントロールできるか」、ここに教師の力量があるという誤解が、残念ながら今も少なからずあります。教員養成の現場にさえいくらかあるかもしれない。これは大きな不幸です。ジャン＝ジャック・ルソーは、「あれしなさい、これしなさい、あれするな、これするな、とずっと言われ続けた子どもは、そのうち息をしなさいと言わないと呼吸さえしなくなる」ということを言っています。

至言だと思いますが、ルソーがこれを書いた、教育学の名著中の名著と呼ばれる『エミール』が出たのはもう260年も前のことです。私自身は、**「教育の基本中の基本は、信頼して、任せて、待って、支える**」だといつも言っていますが、これは本当に、基本中の基本です。でもそれが、教員養成や学校の現場でどれだけ共有されているか。

教育学部でも、教職大学院でも、学校でも、多くの教育現場には、「子どもたちに〜させる」というセリフがいつも飛び交っています。「割り算を学ばせる」「掃除をさせる」「準備をさせる」……。もちろん、そういう言い方が必要な時もある。でも、あまりにこの「させる」という言葉ばかり聞こえてくる時、私はよく、「子どもたちが〜する」と、一度子どもを主語にして話をしてみませんかと提案しています。主語を教師から子どもにするだけで、見える景色が少し違ってくることがありますよね。

**井藤**　教員養成の中ではどうしても「計画したことを計画通りにやることがいいことだ」というメッセージが伝わりがちなので、その**計画が壊れていくことや、自分を明け渡した瞬間に偶発的に訪れる学びや展開にこそ、すごくスリリングな学びの本質がある**のではないかとも思うので、何よりそこの部分に大胆なパラダイムシフトが必要なのかな、という気がしています。

**苫野**　今の多くの学校は、年間の指導計画というものがあって、いつ何をやらなければいけないというのがあらかじめがっしりと決まっている。そういう**仕組み自体を見直して**いく必要がありますね。「学びのコントローラーを子どもたちに委ねよう」と言われても、先生方からすれば、「いやわかってるけどできないんだよ、このガチガチのカリキュラムの中では」という話ですから。だから、カリキュラム自体をもうちょっと柔軟にしていく必要がある。そのためのヒントは、この4校にいっぱいあると思います。

**井藤**　そうですよね。本当におっしゃる通りで、システムの部分から変えなければどうしようもないということもありますし、また、不確実性に身を委ねるというのは、「みんな好きにやっていいよ」というだけではなくて、同時に**「失敗してもいい」という土壌**が学校の中、クラスの中に作られていないと、不確実性に身を委ねることなんてできない。

失敗するということ自体、そもそもこの4校では恐れるべきこととは捉えていませんでした。子どもたちの様子を見てみると、「失敗からも学んでやるぞ」というバイタリティあふれる姿が見られて、学校の雰囲気の中にも失敗を受け入れるところがあるのがすごく大きいと思います。

そして、なぜ失敗が許容されているのかというと、北九州子どもの村にしても三河サドベリーにしても、生徒と大人たち、生徒とスタッフが本当に対等な立場で実践に臨んでいたので、そこには評価する側とされる側のような非対称性がない、というところも非常に大きな特徴なのではないかと思います。**不確実な実践をやっていく上では、失敗を許容する心理的風土や、対等性が不可欠**なのではないでしょうか。

**苫野**　とても大事な指摘ですね。その対等性が具体的に現れたもの、それが**対話の場**だと思います。そうした対話の場を大事にすることは、4校全てに共通していることでした。先生同士もそうだし、子どもたち同士もそうだし、子どもたちと先生たちもそうだし、保護者も含めてみんなそう。

今、井藤さんが言われた、失敗から学ぶというのも、本当は教育の基本中の基本ですよね。でも、その基本を安心して共有できる対話の場がないと、自分のクラスでは子どもたちに失敗をさせられない、なんて気持ちが先立ってしまって、子どもたちのチャレンジや失敗の機会を前もって奪ってしまうなどということが起こってしまいます。そして気がつけば、学校全体が、失敗やトラブルを許容できない、とても息苦しい場になってしまう。教育の本質から、どんどん外れた場になってしまうのですね。

## 長い時間を共に過ごす

**井藤**　対等な対話の風土という意味では、**長期的なスパン**が確保されているのも4校に共通する部分ですよね。１年でメンバーが変わってしまう状態だとやはり難しくて、伊那小の場合、最低３年は同じクラスですし、子どもの村や三河サドベリー、横浜シュタイナーの場合はもっともっと長く子どもたち同士が一緒に過ごすわけですから、長期的なビジョンで先生が子どもたちを見て、子どもたち同士も関わり、保護者が見守っていくということも、かなり大きなポイントだなと思います。

**苫野**　確かに。私自身、４校への訪問を通して、特に**小学校時代にクラス全員で一つの活動をじっくり時間をかけてやるということ**の価値に、改めて気づかせてもらったところがあります。それは決して、「一致団結しろ」ということではなくて、長い時間をかけて人間関係を築き合い、合う／合わないはあったとしても、様々な活動を通してお互いを認め合っていく経験を積んでいくということの重要性です。

ただもう**一方で、人間関係の流動性という視点も重要**だとは思っています。同じ集団でずっといることのメリットは大きいですが、少し息苦しくなった時に、ある程度

一つの活動をじっくり（苫野）

の流動性が確保されているということは大事だと思います。

**井藤**　うん、それも重要な点ですね。流動性と長期的なビジョンをどう両立していけばいいのかは難しい問いで、この4校では、長期的に関わることのメリットを重んじていて、デメリットもあるのかもしれませんが、あの限られたメンバーの中で、深くもぐっていこうということを大事にされている気はします。

**苫野**　そうですね。流動性を強調しすぎると、例えばシュタイナー教育に見られる「守られた同質性」のようなものが損なわれてしまうかもしれない。特に低学年くらいの時は、人間関係の流動性が高すぎる環境は、かえって不安になってしまうこともありますからね。

**井藤**　全く理想の、完全無欠の方法があるというよりは、そのデメリットも意識しつつ、取り入れていく姿勢が本当に大事ということですよね。

**苫野**　私なりに言うと、教育の最も重要な本質、その最上位の目的は、全ての子どもたちが「自由」に生きる力を育むこと。そしてお互いの「自由」を認め合う感度を育むことです。この目的のために、「守られた同質性」と「流動性」を、状況に応じてどのようにデザインしていくか。教育環境の設定に際しては、こういう発想が重要だと考えています。

## 大人たちの対話の場

――長期的に関わる中では、子ども同士の対話だけでなく、子どもと大人、大人同士の

**対話の場も重要になりますね。**

**苫野**　大人自身が、意義深い対話の経験、もっと言えば「対話を通した合意形成」の経験を、十分に積んでこなかったところがあるのではないかと思います。でもそれでは、学校現場に「対話」を浸透させることも難しいですよね。**いかに「対話の文化」、「対話の仕組み」を意識的に学校に作っていくか。**それが今後の学校づくりにおいて何より重要なことと考えています。

**井藤**　クラスの中だけで閉じた形で突き進んでいくというのではなくて、絶えず**リフレクション**の機会が設けられていました。伊那小の場合は、公開学習指導研究会という形で振り返らなければなりませんよね。

横浜シュタイナーもそうです。毎週の教員会議という、リフレクションの機会があることによって、先生方が自分自身の実践を色々な角度から見つめ直すことで、立ち止まって考えられるところが非常に大きいと思う。不確実性に身を委ねていくと勝手に転がっていってしまう部分があると思いますが、その転がりが本当に充実感のあるクリエイティブなものなのか、先生同士でも色々な意見を出し合いながら、みんなで作り上げていく。先生と生徒だけではなく、同僚性[4]に支えられた先生同士のネットワークの中で作り上げていくものもかなり大きいのかなという気はしました。

**苫野**　とても大事ですね。伊那小では、学年部屋に学年の先生たちが集まっていつもそんなリフレクションをやっている。まさにそういう「対話の文化・仕組み」が重要です。私自身は、多くの学校とご一緒する中で、まずは校内研修をそうした対話の場にしてい

**(4)** 同僚性とは「相互に実践を高め合い専門家としての成長を達成する目的で連帯する同志的関係」を意味する。この同僚性は、愚痴や趣味にまつわる話を社交的に語り合う「おしゃべり仲間」(peers) とは区別される（佐藤学『教師というアポリア――反省的実践へ』世織書房、1997年、405頁)。

きましょうと提案して、よく伴走しています。対話ベースの校内研修は、対話の文化づくりにとても意義深いと感じています。

――北九州子どもの村でも、大人同士がプロジェクト間で進捗を報告し合う機会があると伺いましたし、大人の部屋はオープンになっていて、大人が別のプロジェクトの子どもにも自然と目が行って声をかけていく様子がありました。三河サドベリーの場合は人数が少ないので、常に全員の状況を共有しあっているとも言えるでしょうか。

**井藤**　複数の視点で子どもたちを捉えていくということですよね。

**苫野**　サドベリーの場合は、大人同士、子ども同士だけでなく、大人と子どもたちとが完全に対等ですね。シュタイナーでは教師が権威であるというところに対して、サドベリーは対称性が目立ちます。ここについて井藤さんの思うところはありますか。

## 子どもと大人の対等性と非対称性

**井藤**　シュタイナーにおける権威[5]についてですよね。その「権威」というのも、あくまで子どもたちが成長して、大人として社会に出ていくための導き役として、途中まで、最初の8年だけ背中を見せて「ついてきてね」という意味での権威です。徹頭徹尾、「魂」のレベルでは子どもと大人を対等だという前提に立っているので、対等という意味の層が他と少し違うかもしれません。

**苫野**　なるほど。長井先生も強調されていましたが、やはり一人の人間として尊重するということ、それはすごく徹底しているわけですよね。子どもも大人も、対等な存在であ

(5)
「権威」という言葉を目にすると、子どもを力で押さえつけるイメージが湧き起こるかもしれないが、シュタイナー教育における権威とは、子どもたちが自然と従いたくなるような魅力に裏打ちされた権威を意味する。また、権威はあくまでも子どもたちが最終的にそこから離れるための前段階として必要とされる。権威に盲目的に従うことのない人間を育成するには、人生の適切な時期に権威に従うという経験が重要になるとシュタイナーは考えていた。

るということを、シュタイナーの先生方は皆、底の方で共有している。だから非対称性と言っても……。

**井藤**　あくまで**期間限定の、役割としての非対称性**ということですよね。

**苫野**　ということなんですね。そしてそこに、シュタイナーの発達理論が効いてるのだろうとも思います。子どもたちには、ある種の権威性、つまり導き手としての力を持った大人に憧れ、そこに向かっていきたいというエネルギーを持つ時期がある。そのことが、自分を大きく成長させるきっかけになる。そういう構えが、シュタイナー教育にはありますよね。

子どもも大人も存在は対等（小木曽・井藤）

私はよく、「大人の責任」という言葉を使います。今回のインタビューでも、たびたび使いました。大人と子どもは、人間としてはもちろん対等、でも大人、教師には、決して手放してはならない子どもに対する責任がある、と。まず一つは、まさにお互いを対等な存在として尊重し合うことができる教育の場を作ること。逆に言えば、他者を侵害する言動については、明確に「ダ

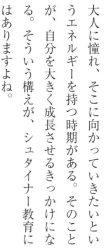

メ」と言えなければならない。それからもう一つは、子どもたちを「自由な市民」へと育んでいくのだという責任。つまり、自由に生きるための力と、他者の自由を承認する感度をちゃんと育むということです。

シュタイナー教育は「自由な教育」ではなく「自由への教育」であると言われていますが、私自身もこの言い方はよくします。かつてジョン・デューイも、「自由な教育」を標榜する学校がただ「大人の責任」を放棄しているだけであることを批判しましたが、まさに私たち大人は、「自由への教育」[6]を実現する責任をもっている。そう考えています。

その意味では、**大人が大人然とすること**も、実は大事なことだと思っています。世界一「自由な学校」と言っていいであろうサドベリーでも、黒柳さんは大人然としていましたよね。対等性というのは、必ずしも友達のようであることとは違うのだと思います。

**井藤** 確かに、対等性イコール友達関係、という誤解をされてしまうと問題がありますね。

**苫野** 個人的な話で恐縮ですが、実は多くの学生は、私のことを「いっとくさん」と呼ぶのです。私自身の中にも、彼らは教育や哲学を共に探究する仲間だという意識がある。でも彼らが大学生の間は、私にはその成長に対する責任がある。そのことには自覚的でありたいと思っています。卒業すれば、実際に友達になれている感じはしているんですけどね。卒業生はどうかわかりませんが(笑)。

**井藤** そういった意味では、すごく親しいけれど、すごく遠いというか。「いっとくさん」にしても、学生さんたちは、教育について考える仲間としての親しみと同時に、経験や知識や深さにおいてとてつもない隔たりを感じていて、リスペクトも抱いていて、だか

(6) シュタイナー教育はしばしば「自由な教育」だと誤解される。詰め込み教育とはおよそ正反対なので、「自由放任の教育」と誤解されることも多い。だが、シュタイナー教育は「自由への教育」なのであって、決して「自由な教育」ではない。「自由への教育」というキャッチコピーの中にはある前提(「私たちは生まれながらにして自由な状態にあるわけではない」)が含まれている。シュタイナーは「不自由な状態にある私たちがいかにして自由を獲得できるか」という問いから出発する。

(7) 単なる親しみだけでなく、教師への畏敬を根幹に据えた学びは、子どもたちのうちに、知そのものに対する畏敬の念を芽生えさせるだろう。

らすごく近いけれど遠いという、その遠さも大事ですよね。

**苫野** そうかもしれませんね。いずれにしても、教育の目的が「自由」と「自由の相互承認」の実質化なのだとすれば、大雑把に言うと、教師の存在も、学習の内容も、全て方法にすぎません。

**井藤** そう、あくまでも目的は自由で、シュタイナーの言い方であれば、教師の権威も含めて全ては「環境」ということになりますが、子どもたちを取り巻く環境はやはり整っていなければいけません。あくまでも自由を目指すのは子どもたち自身で、自分の足で自由に向かって歩いていくのですが、**それをサポートする存在として、環境としての大人、環境としての教室が機能しなければいけない**。

**苫野** そうですね。その環境を整える責任を、やはり大人は持っている、ということだと思います。もちろん、どういう環境が良いかというのはケースバイケースですが、本書を参考にすれば、様々な引き出しを手に入れることができるかもしれません。

## 学校ごとの教員養成

**苫野** ちなみに、その引き出しに関して、シュタイナー教育では先生側のよりスペシフィックな技能が必要とされているようにも思います。サドベリーは、マインドセットが体に染み込んでいれば、個々の状況にもしっかり対応できる、という感じが強いかもしれませんが、シュタイナーではもっともっと細やかな技能がいりますよね。その点について、井藤さんはどう思いますか。

**井藤**　すごくいい視点ですよね。今、苫野さんがおっしゃったことは、イコール、独自の教員養成システムがあるかないかの問題に関わっていると思います。伊那小学校は、学校の伝統と研究会から学んでいきますが、最初はまず、担任としていきなり実践に入っていく。

北九州子どもの村や三河サドベリーでは、特別な教員システムがあるわけではなく、見て学ぶ、先輩に学ぶという感じで、その場にいる中で、マインドセットが改革を起こして、おのずとあり方が変わっていく、というところだと思いますが、シュタイナーの場合は多分、そこだけでは立ち行かないものがありますね。知識やスキルを併せ持っていないと、ありようも変わっていかないところがあるので、そこは大きいかなと思いました。

**苫野**　シュタイナーでは、担任の先生が皆あの黒板絵(8)を描けるわけでしょう。音楽も一定の素養があって、文学的でもあって、そんなふうにすごく技能が求められるし、もちろんシュタイナー思想の理解も。もっとも、長井先生もおっしゃっていたように、だからと言って先生は何でもできなければいけないわけではないし、そんな気負いも必要ないとのことでしたが。

**井藤**　一つ指摘したいと思っているのは、前田さん以外の3人の先生方は、一般的な学校や幼稚園で教員として働いた経験があった上で、今の実践をされているということです。というのは、初めから今のような際立った教育をしていたわけではなく、一般的な教育の場での経験がベースになっている。それは乗り越えるべき敵ではなくて、そこで

（8）シュタイナー学校における各教科の学びにおいて、児童・生徒は教師によって描かれた「黒板絵」をノートに描き写す。様々な色チョークを用いて描かれた黒板絵は非常に美しく、まるで完成された一つの絵画作品のようである。シュタイナー学校の教員は日々、授業に際して黒板絵を描いており、イメージを通じて子どもたちに働きかけている。シュタイナー学校の黒板絵については、マルグリット・ユーネマン『黒板絵――シュタイナー・メソッド』（井藤元・小木曽由佳訳、イザラ書房、２０２２年）を参照。

得たものも多分にあって、特に田中先生は、初任者の時にみっちり計画通りに指導案通りにやるという経験を徹底的に積んだからこそ、それを手放すことができる、両方とも大事だ、という話をされていました。

**苫野** なるほど……そこは難しいな。そうした経験は、4校での実践にとって本当に有効なのかどうか。伊那小でも、一般的な学校とあまりに違いすぎて、先生が最後まで馴染めないケースもあるとのことでした。その意味では、がっつり計画通り、指導案通りの実践の経験が有効である場合とそうではない場合があるように思う。それは一体どういう時で、またなぜなのか。その辺りのことを、教育学は重要な研究テーマにする必要があるかもしれません。

**井藤** それはそうですね。ただ、ここぞという時にはコントロールというか、締めるというか、「こういうこともできるぞ」という隠し玉のようなスキルを持っておくというのは、教師として、ある意味必要な部分もあるように思います。計画通り、要は段取りとか台本通りに演じることができた上で即興性を大事にするという話なのか、初めから即興オンリーでいくのかという違いですね。

**苫野** やはり基本は、「信頼して、任せて、待って、支える」だと思うのです。その最初の1つ目、「信頼」ということには、力が要るんです。ニーチェの言葉をもじって言うと、「己の尻で座っていないと、人を信頼することなんてできない」のです。自分が不安定だと、人に何かを委ねることはできない。だから、今、井藤さんが言ったコントロールとか締めるとかいうのも、自分が不安定で不安だから、無理やり集団を締めようとするのとは全然違う意味で考えるべきだと思いますね。
むしろ、「信頼して、任せて、待って、支える」ために、集団が相互信頼と相互尊重の場であるようしっかり整える。そういう「大人の責任」を果たす。そういう意味なのだと思います。

**井藤**　どの教育かということとは関係なく、どの教師であっても関係することですね、きっと。それはやはり不確実性に開かれているかどうかにも繋がりますね。

**苫野**　不確実性を楽しんだり耐えたりすることができるというのも、信頼する力があるからですよね。自分が不安定で不安だと、不確実性の中ではますます不安になってしまう。だから子どもたちを無理やりコントロールしたくなる。じゃあ、そんな信頼する力をどうすれば持てるかというと、**教師自身が、信頼と承認の空間の中でちゃんと仕事ができること**。

今、世間と学校、子どもと教師、親と教師などの間に、不信のスパイラルが渦巻いていますが、これを逆回転させなければいけないとすごく思っています。**信頼のスパイラル**を回してさえいけば、教育は確実にもっと良くなる。そのためにも、これまでに話してきた「対話の文化」づくりはとても重要です。

**井藤**　逆回転のスパイラルを起こすために、教員を目指している学生たちは、自分たちが受けてきていないやり方を、これからの子どもたちにしていかなければいけない。この潮目の部分に教員養成があると思うのです。自分たちも大事にされてきて、信頼をベースに教育を受けてきたならば、それを再生産していけばいいだけの話ですが、そこで逆回転させるためには180度マインドセットを変えていかないと大変なことになってしまう。しかも、4年間のモラトリアムの期間の中で、時間をかけてそこを見つめていかなければならない。教員養成のミッションはかなり大きいなと、改めて今、苫野さんの話を聞いていて思いました。

## 自由になるための学校

### ――各学校に繰り返し出てきた概念として、「自由」がありました。

**苫野**　教育のまさに本質ですね。シュタイナーは「自由への教育」を掲げ、サドベリーは子どもたちの「自由」が最大限尊重された学校。子どもの村も「一人ひとりがみんなと自由に」が一つのテーマです。伊那小は自由という言葉を前面には出さないけれども、やはり突き詰めてみると、そこには子どもたちの自由を実現していこう、そのために自由な探究を大事にしていこうという思いがある。

いずれの学校も「自由」が核にある。ただしここで言う自由は、決して勝手気ままとかわがまま放題という意味ではありません。お互いの自由を尊重しながら、自らも自由になっていくことを学ぶ場所。そういうところが、かなり共通していると思います。

**井藤**　シュタイナー自身が述べている「自由」という概念(9)は、本当はとても難しくて、「高次の自己」と一体化して生きられる状態を指すので、一般的な自由とは違うところもありますが、実践レベルではもちろん共通するところが多分にありますよね。

**苫野**　私は、哲学史上最も原理的な自由論を展開したのはヘーゲルだと考えていますが、

(9) シュタイナーにおける自由の内実については、井藤元『シュタイナー「自由」への遍歴――ゲーテ・シラー・ニーチェとの邂逅』(京都大学学術出版会、2012年)を参照。

自由な探究を大事に（小木曽）

ヘーゲルは、常に弁証法的にそれまでの自己を乗り越えながら、より自由になっていくという運動を描きました。シュタイナーの「高次の自己」も、そういう観点から見れば、一般に受け入れられやすくなるかもしれません。**より自分らしく、生きたいように生きられていく自己へと絶えず自らを更新していける、それこそが自由**だという感じですね。

さっきも言ったことですが、よく自由な学校が理想のように言われることがありますが、むしろ**自由になるための学校**、**より自由になるための学校**が良い学校と言うべきだと私は考えています。では、「自由になるための学校」はどういう学校かというと、やはりある程度の自由が保障されている学校なのだと思います。ずっと、あれやれこれやれの中で生きていると、自分が何をしたいのかも分からなくなってしまう。どう生きることが自由なのかということが分からなくなってしまう。時間割を全部大人に決められ、やることを決められ、「大人時間」を生きさせられていたら、自分の時間をどうやって使えばいいのかも分からなくなってしまう。
だから、自由になるための学校は、かなりの自由が保障されている場であるる必要がある。その度合いにおいて、サドベリーはもう徹底的に自由に溢れている。シュタイナーはもう少し構成されているところがあるかもしれないけれど、目的は同じ。そんなふうに思っています。

**井藤**　そうですね。あと、教師はもう自由を獲得していて、子どもがまだしていない、というような話ではなくて、**教師たちも同じように自由に向かって今も自己教育**(10)**を続けている**、少し先を歩いている旅の同伴者とでもいうような位置づけは、4校に共通しているのかもしれません。あの先生方、スタッフの方たちは、皆自分たちが完成された存在だなどと絶対に思っていない。これからも色々と変わっていく途上にいる一人の人間なのだというところは、多分共有されていると思うのです。

**苫野**　とても大事な視点だと思います。

**――4校をめぐってきて見つかった、とても重要な観点について、お二人にお話しいただきました。最後にお二人から読者の皆様にメッセージをお願いいたします。**

**苫野**　私自身は、「教育者」って言葉、ちょっとエラそうであまり好きではないんです。でも、本書に登場いただいた方々は、皆さんやっぱり素晴らしい「教育者」だと言いたい。それはきっと、読者の皆さんも、言葉の端々から感じ取られたことと思います。
さて、しかし「教育者」の真髄は、その実践を語る言葉にあるのではなく、実践そのものにあります。本書を読んで関心を持たれた方は、ぜひ、実際に足を運んで、見てい

(10) シュタイナーは「すべての教育は自己教育である」と述べ、人は自分で自分を教育することしかできないと考えており、教師や大人にできることは、子どもに適切な「環境」を与えることだけだという。周りにいる教師・大人といった人的環境はもちろん、子どもがよりよく自己教育を行うための物理的環境（どのような空間で学ぶか）に対しても繊細な配慮を施すことが重要だと考えられている。

ただきたいと思います。語られた言葉以上に、その「佇まい」から学び取れるものが、きっとたくさんあるのではないかと思います。

**井藤**　私は本書を通じて、「一般的な教育に比べて本書で紹介した実践がすばらしい」と主張したいわけではありません。そうではなく、ここで紹介した実践について学ぶ中で、教育という営為そのものを見つめなおすための「問い」を獲得することこそが重要なのではないかと考えています。

「時間割がなければ、どんな学びが可能になるのか」「先生がいない学校でも教育は成立するのか」「テストがないと子どもたちは勉強しなくなるのではないか」……4校の実践を目の当たりにして、私たちの中に数多くの問いが沸き起こってくるはずですが、その問いと向き合うことそのものが、教育観を磨くための重要なレッスンになると思います。教育が大きな転換期を迎えている現状において、本書がこれからの教育のあり方・ヴィジョンを描き出すための読者への問いかけになることを心から願っています。

**――ありがとうございました。この旅はまた続く、としていいでしょうか。引き続きよろしくお願いいたします。**

# おわりに

本書の企画がスタートしたのは、2019年末のことでした。気がつけば、完成までに足かけ4年近い時間がかかったことになります。

こんなに長い時間を要してしまったのは、ちょうど同じタイミングで流行が始まった、新型コロナウィルス感染症のためでした。本書で取り上げた4校への視察の計画は、2020年の一斉休校以来、何度も延期されることになりました。

当時はいつ終わるとも知れなかったパンデミックの中、私たちは、どうすれば本書の企画を進めることができるか、話し合い続けました。結局、学校訪問はそれから2年以上かないませんでしたが、その過程で、本書にご登場いただいた先生方（大人・スタッフ）とオンラインでやり取りを重ねられたことは、今振り返ってみれば、とても貴重なことでした。この時間を通して、私たちは、それぞれの先生方の「教育観」の深みへと迫っていくことができたからです。

2022年になって、ようやく各学校への訪問ができるようになった時の喜びは忘れられません。当時は、子どもたちも私たちも、みんなマスクを着用している状態です。でも、子どもたちが、じっくりと、遊ぶように学んでいるその表情は、マスク越しでも十分に感じ取ることができました。

ああ、戻ってきたな。そう、しみじみと感じました。「はじめに」の井藤さんの言葉を借りるなら、3人の著者がこれまで慣れ親しんできた、「教育のパラレルワールド」に。

最終章でもお話ししたように、本書を作った背景には、教師を目指す若い人たちをはじめ、教育に関わる多くの方々に、自分たちが経験してきた教育とは異なる教育の世界があることを、ぜひとも知ってもらいたいという思いがありました。

そんな「教育のパラレルワールド」は、実は全国にたくさん存在しています。実際、本書でご紹介したいと考えた学校の候補は、当初、十数校ありました。

その中から、紙幅の都合上、まずは今回の4校にご登場をお願いすることになりました。公立学校があり、私立学校があり、オルタナティブスクールがあり。それぞれ大きく異なった実践がなされながらも、根っこは深く共有されている。「教育のパラレルワールド」の、言わば見事な4極です。

本文でもしばしば述べた通り、これらの学校は、むろん〝ユートピア〟ではありません。そんな完全無欠の〝理想の学校〟は、この世に存在しません。でも間違いなく、これらの学校は、私たちの「教育観を磨く」ために、深い洞察を与えてくれる学校です。

読みながら、様々な疑問を持たれた読者もきっといらっしゃるでしょう。それはとても大事なことだと思います。自分は何に惹かれたのか。何に引っかかったのか。そんなことを、できれば多くの方と対話していただきたいと思います。もし、読者の中に教職課程を担当されている先生がいらっしゃれば、授業の中で、本書を材料にそんな対話の機会を作っていただけたなら、私たち著者としてはこんなに嬉しいことはありません。

最後に、本書にご登場いただいた4人の先生方、前田知洋氏、田中孝弘氏、黒柳佐智代氏、長井麻美氏（章掲載順）に、改めて心よりお礼を申し上げます。

各学校では、多くの先生方や子どもたちとも、長い交流の時間を持たせていただきました。ご一緒くださった皆さんの存在なくして、本書が完成することはありませんでした。本当にありがとうございました。

本書の編集は、日本能率協会マネジメントセンターの東寿浩さんにご担当いただきました。私たちの学校訪問にも同行くださった東さんは、毎回、熱心にメモを取りながら、あっちで子どもたちにインタビューをし、こっちで先生方にインタビューをし、と、著者たちに勝るとも劣らない、本書への思い入れをいつも見せてくださっていました。4年の長きにわたって、本当にお世話になりました。ありがとうございました。

本書が、多くの教育関係者の方々の手に届きますことを、著者一同、心より願っております。

苫野 一徳

〈著者紹介〉

**井藤 元（いとう・げん）**
1980年生。京都大学大学院教育学研究科博士課程修了。博士(教育学)。現在、東京理科大学教育支援機構教職教育センター教授。専門は、教育学。主な著書に、『マンガでやさしくわかるシュタイナー教育』（日本能率協会マネジメントセンター）、『シュタイナー学校の道徳教育』（イザラ書房）、『笑育――「笑い」で育む21世紀型能力』（監修、毎日新聞出版）、『記者トレ――新聞記者に学ぶ観る力、聴く力、伝える力』（監修、日本能率協会マネジメントセンター）、『ワークで学ぶ教育学 増補改訂版』（編著、ナカニシヤ出版）などがある。

**苫野一徳（とまの・いっとく）**
1980年生。早稲田大学大学院教育学研究科博士課程修了。博士（教育学)。現在、熊本大学大学院教育学研究科准教授。専門は、哲学・教育学。主な著書に、『どのような教育が「よい」教育か』（講談社)、『勉強するのは何のため？』（日本評論社)、『教育の力』（講談社現代新書)、『「自由」はいかに可能か』（NHK出版)、『はじめての哲学的思考』(ちくまプリマー新書)、『「学校」をつくり直す』(河出新書)、『愛』(講談社現代新書)、『別冊NHK100分de名著 読書の学校 苫野一徳特別授業 ルソー「社会契約論」』(NHK出版)、『学問としての教育学』(日本評論社）などがある。

**小木曽由佳（おぎそ・ゆか）**
1983年生。京都大学大学院教育学研究科博士課程修了。博士(教育学)。公認心理師、臨床心理士。現在、同志社大学ウェルビーイング研究センター研究員。専門は、臨床心理学。主な著訳書に、『ユングとジェイムズ』(創元社)、*Jungian Perspectives on Indeterminate States* (Chap. 10, Routledge)、ユーネマン『黒板絵――シュタイナー・メソッド』（共訳、イザラ書房)、ノディングズ『人生の意味を問う教室』（共訳、春風社)、ゾーヤ『危機介入の箱庭療法』（共訳、創元社)、ハリファックス『死にゆく人と共にあること』（共訳、春秋社）などがある。

# 教育観を磨く
## 子どもが輝く学校をめぐる旅

2023年12月10日　初版第1刷発行

著　者——井藤 元、苫野一徳、小木曽由佳



発行者——張 士洛

発行所——日本能率協会マネジメントセンター
〒103-6009 東京都中央区日本橋2-7-1 東京日本橋タワー
TEL 03(6362)4339(編集)／03(6362)4558(販売)
FAX 03(3272)8127(販売・編集)
https://www.jmam.co.jp/

装丁——野澤佑妃（luck-mook）
本文DTP——株式会社RUHIA
印刷所—シナノ書籍印刷株式会社
製本所—ナショナル製本協同組合



ISBN 978-4-8005-9151-7　C0037
落丁・乱丁はおとりかえします。
PRINTED IN JAPAN